惊喜效应

开启心理契约的密码

李维 著

北京联合出版公司
Beijing United Publishing Co.,Ltd.

图书在版编目（CIP）数据

惊喜效应：开启心理契约的密码 / 李维著 .——北京：北京联合出版公司，2015.8（2024.5 重印）
ISBN 978–7–5502–5875–4

Ⅰ . ①惊… Ⅱ . ①李… Ⅲ . ①销售 – 商业心理学 Ⅳ . ① F713.55

中国版本图书馆 CIP 数据核字 (2015) 第 182821 号

惊喜效应：开启心理契约的密码

作　　者：李　维
责任编辑：宋延涛

北京联合出版公司出版
（北京市西城区德外大街 83 号楼 9 层 100088）
三河市众誉天成印务有限公司 新华书店经销
字数 148 千字　889mm×1194mm　1/32　7 印张
2015 年 8 月第 1 版　2024 年 5 月第 3 次印刷
ISBN 978-7-5502-5875-4
定价：48.00 元

序言
开启心理契约的密码

美国著名管理心理学家施恩（E. H. Schein）教授认为，心理契约是“个人将有所奉献与组织欲望有所获取之间，以及组织将针对个人期望收获而有所提供的一种配合”。简言之，心理契约是人与人之间（或者人与组织之间），以承诺和感知为基础，彼此形成的责任和义务的各种信念（心理承诺）。

心理契约是无形的契约，却是最有主观力量的契约，可以形成最稳固、最忠诚的契约关系。本书所讲的惊喜效应则是开启这个神秘契约的密码。

商业的繁荣与科技的发达，让人们的交往日益频繁，但是人与人之间的信任危机也日益加深。情感这个连接人与人之间关系的纽带变得极为脆弱。为了在自我利益和彼此关系上安一把安全锁，人们愿意把信任建立在白纸黑字的合同上。

人们并不相信所谓的口头承诺或价格担保，所以，租房要签协议，上班要签协议，合伙要签协议，散伙要签协议，甚至结婚也要签婚前协议，明确义务和财产。这样的举动虽然让自身的利益在法律的保护之下，但是并不利于彼此之间真正的情感忠诚。

在企业软实力的课堂上我常讲，心理契约比现实合同更有力量！如果你想要彼此关系更稳固，不要在纸上盖章，要在心里盖章。

如果一个人的预期被超越，就会产生惊喜。惊喜一旦产生，在惊喜的刺激下，惊喜者就会与带给他惊喜的个人或组织建立一种心理契约，进而改变自己的态度和行为（惊喜—心理契约—态度或行为的改善）。惊喜之下产生的这一系列的连锁反应，具有极大的正向意义，可以改变我们的生活，改变我们的人际关系，改变我们的工作状态和工作层次，甚至可以打破商业社会固若金汤的冷漠，改变整个社会。我们将惊喜带来的这一系列连锁反应称为“惊喜效应”。

经过长期观察和研究我发现，在建立心理契约的问题上，惊喜效应能够达到立竿见影的效果。给他人制造惊喜不容易，需要了解对方，从对方出发，倾注精力，花尽心思。所以，一个惊喜才足以让对方惊讶、欢喜，然后在体会到他人用心的时候，自动靠拢，也对对方用心，在行为和情感上忠诚。而制造惊喜的那个人也同时在对方心中盖上了一个抹不去的忠诚之章。

本书是我对惊喜效应长期研究和讲课的精华。第一章介绍了惊喜效应的原理，包括惊喜的现象、本质和规律，以及惊喜效应的能量等。第二章介绍了惊喜效应产生的方法，包括设计悬念、打造体验点、打破常规、降低期望等。第三章到第七章介绍了惊喜效应在实际工作和生活中的应用，包括营销、销售、管理、职场和婚姻家庭等。同时，在附录中为大家介绍了惊喜效应的理论来源。

如果你阅读了这本书，你一定能从书中学到惊喜效应的形成机制并应用于你的工作和生活中，那样，你的世界里一定会因此充满一个又一个惊喜。

目录

contents

第一章 惊喜效应的原理 \\001

何谓惊喜 \\003

惊喜效应的定义和内涵 \\006

惊喜效应产生的规律 \\010

惊喜效应的巨大能量 \\014

惊喜效应的结果判断 \\018

惊喜效应的正能量与负效应 \\022

第二章 惊喜效应产生的方法 \\027

悬念设计：让“喜”变成“惊喜” \\029

打造体验点：让对方置身惊喜之中 \\032

打破常规：常规是惊喜最大的忌讳 \\036

降低期望：让超越成为可能 \\039

第三章 惊喜效应在营销中的应用 \\043

破译吸客留客的营销密码 \\045

满意还是惊喜？未来营销标准之争 \\049
一份果盘对企业营销智慧的终极考验 \\054
昂贵的星巴克带来的惊喜效应 \\059
“学不会”的海底捞营销 \\065
博彩业火爆背后的惊喜效应 \\070

第四章 惊喜效应在销售中的应用 \\075

破译推动成交的销售密码 \\077
“秘密协议”让销售充满惊喜 \\085
打折促销降低了惊喜感 \\090
解析人类大脑对价值的取向 \\096
与销售无关却又实用的“销售技巧” \\103

第五章 惊喜效应在管理中的应用 \\111

破译获取员工忠诚的管理密码 \\113
用给予的方式换取员工忠诚 \\118
小字条背后的惊喜魔力 \\123
环境对于打造团队的重要性 \\130
用惊喜效应为企业“留人” \\137
怎样发钱才是最“惊喜”的 \\143

第六章 惊喜效应在职场中的应用 \\151

破译升职、加薪的职场密码 \\153

员工思维 PK 老板思维 \\159
惊喜激发职场正效应 \\165
职场中的“争”与“不争” \\170
“给同事惊喜”同样重要 \\174

第七章 惊喜效应在生活中的应用 \\179

破译增进夫妻感情的情感密码 \\181
“小别”的惊喜胜“新婚” \\187
一道菜的惊喜能影响婆媳关系 \\191
送礼物，用心才“惊喜” \\198

附录：惊喜效应理论基础 \\203
马斯洛需求层次理论 \\204
赫茨伯格双因素激励理论 \\210

第一章 惊喜效应的原理

经过大量的研究我发现，惊喜带给我们的影响并不仅仅是让我们心情愉悦，很多时候，惊喜背后潜藏的巨大力量，可以改变我们工作、生活的状态。

这一章，我将为大家揭开惊喜效应的面纱……

何谓惊喜

在说惊喜前，我们先看看下面的情景：

过生日时，你突然收到远方朋友寄来的礼物；

钱包掉了，你正沮丧万分时，却被人捡到并还回来；

商场购物，拿着小票去抽奖，你意外抽到一台笔记本电脑……

以上情景无论大小都有两个共同的特点：一是没有任何预兆；二是结果都是正向的，是让人感到惊喜的。

惊喜的最终目的是让人快乐，所以，“喜悦”是必须要满足的条件。而只有喜悦没有惊奇，只是最为普通的喜悦，惊喜就无法成立。同时，“没有预兆”也是惊喜产生的必备条件。这样，才能促使我们产生“惊奇”的情绪。

同其他情绪相比，惊喜更能够带给人们长久、积极的记忆，一份惊喜所带给人的感受，往往会持续相当长的时间，有些惊喜甚至让人终生难忘。

惊喜对我们的生活来说很重要。

我们的生活需要时不时地有一些惊喜来铺垫，这样才能一直保持趣味性和新鲜感。不仅生活，我们的工作也是如此，长久干一件事情，很容易让人心理疲劳，产生厌烦、懈怠的心理。而这个时候，如果在工作中注入一些惊喜，便可以重新获得激情和动力。

不过，惊喜的产生会遇到一定的阻碍。

生活中的大多数人都喜欢充当“我知道”的角色，可是，往往会在“我知道”“我什么都知道”中对生活和工作产生怠倦、没意思的心理，从而失去本该有的激情和动力。

在大多数情况下，我们的生活和工作都按照预定的路线进行。对于工作和生活，我们有着一定的掌控力，这在一定程度上减少了生活的惊喜。

比如，过生日，每一年都被安排在特定的地方庆祝。生日庆祝走上形式化，久而久之，我们便对过生日失去了期待。而如果，本来以为生日同往年无异的时候，却突然收到一张机票，被邀请去风景迷人的济州岛过，这想必是最为难忘的生日。因为它与以往不同，让我们足够惊喜。

现代科技的发展，让人们在遇到了问题之后，习惯性地求助于网络。比如，我们在计划出游前，会上网搜旅游攻略。虽然，这可以让我们更好地掌控自己的行程和钱包。但是，当我们从网上被告知，在某处地方有一所颇有味道的咖啡馆，装修不错，服务不错，店家赠送的某某礼品也不错时，我们就会期待这样一处地方。如果，这个地方同网上描述的一样还好，可如果有稍微没有做到的地方，都会引起我们的不满。这就是预先得知的坏处。而如果，我们在旅途中无意间发现一处有特色的咖啡店，就会很惊喜，而这个惊喜感会随着服务、礼物逐渐升级，让我们难以忘怀。

这就是惊喜带给我们的好处，它会增加我们的生活乐趣，让我们更为积极。

惊喜效应的定义和内涵

● 惊喜效应的定义

当一个人的心理预期（期望）被超越，便会产生惊喜。惊喜容易在瞬间使人与人之间建立心理契约或者承诺。心理契约比现实合同更有力量，前者发自内心，后者可能是迫于无奈的妥协或基于条件的权宜之计。心理契约之下便产生情感忠诚和行为忠诚。这种由惊喜而引发的一系列的连锁反应，我将其称为惊喜效应。

惊喜可以为我们带来情绪上的惊奇和快乐。这种惊奇和快乐会对我们的身体、心理、行为产生一定的影响，从而让我们作用于除自己以外的事物，让我们发生改变。

举一个例子。我们意外地被升了职，这种惊喜带来的影响使得我们身心愉悦，更加自信，更努力地工作。同时，对同事、领导更加友好。而自身的努力、好的人际关系，让我们的工作更加得心应手，因而得到更多人的认可和赏识。

这就是惊喜效应，能量的不断分享与传递，使周围的事物发生改变。

● 惊喜效应的内涵

惊喜效应能给我们的生活和人际关系带来巨大的改变，它具有深刻的内涵。

在心理学家马斯洛的需求层次理论中，人类的需求有五种层次：生理、安全、感情、尊重和自我实现。这些需求让我们对周围的人和环境产生“要”，这种“要”便是一种期待。

一般来说，如果我们能够满足他人的“要”，只会让他人获得心理上的平衡，进而不产生抱怨。但是，若想建立心理契约或者承诺，光满足是不够的，还需要超越。只有给予对方意想不到的“要”，我们才更容易走进对方的心中。

比如，老板满足员工预期中的工资和职位，会在一段时期内让这位员工继续工作下去。可是，员工不一定就会对老板和工作忠诚，可能会在工作中偷懒，也可能会和同事在私底下抱怨工作和老板。这位老板若想获得员工的忠心，让员工任劳任怨，显然要在满足员工心理预期的基础上，给予更多。那么，这个时候，惊喜就可以做到。因为惊喜提供的是超乎预期，更容易让员工感到自己的重要性和被关注。这个时候，老板和公司不仅满足了他关于薪资、发展上面的“要”，还让员工感受到自己更大的价值。从这个角度来说，老板若想掌握员工的心理，让员工死心塌地，就要学会制造惊喜。

惊喜效应是一种积极的强化作用。

美国心理学家和行为学家斯金纳指出，如果在人们采取某种行为时，能够从他人那里得到某种让自己身心愉悦的结果，这将会促使人们重复这种行为。而推进人们发生重复行为的力量被称为正强化，也就是积极强化。

从这方面来说，惊喜效应就是一种积极的强化作用。当我们在做某件事情的时候，突然得到一种激励，这对我们而言是一种惊喜，这将会促使我们更好地完成这件事情，同时，会让我们产生重复行为，因为我们内心渴望再次获得惊喜。比如，当我们在努力工作之后，意外地收到了奖金，我们会产生惊喜。惊喜带来的最终结果将使我们继续努力甚至更加努力。因为，我们渴望再次获得奖金。

所以说，企业若想对员工进行更有力量的激励，就要在激励中注入惊喜，这会带来更大的强化作用。

惊喜效应实际上就是细节的累积。

惊喜并不一定非要来源于大的创新，可能一个小小的改变和用心就能给对方带来惊喜感。

比如，炎热的夏季，当顾客大汗淋漓地从外面走进店内，店内的工作人员立刻递来一块凉凉的湿巾。这是一个很小的细节，但是却能给顾客带来惊喜，觉得这家店服务真周到。还比如，入住一家酒店，在走的时候，酒店工作人员递过来一束鲜花，以示对酒店工作支持的感谢。这是细节，但是，正是这个细节给我们带来了不一样的体验，让我们拥有了惊喜感，从而对酒店的服务赞不绝口。

公司茶水间放着各种各样的茶水、饮料、咖啡，有舒适的坐凳，桌子上面放着各色杂志，让新入职的员工充满惊喜，感受到公司浓浓的人情味，从而更加坚定了要留下来的决心。

人的感动常常潜藏在细微处，细微处的用心更能打动人心。

很多时候征服一个人，不需要我们做多少事情或者花多少钱，而是一个小细节。一个小细节可以给对方带来惊喜，而一个惊喜能在瞬间拉近彼此之间的距离。

惊喜存在于微小的改变之中，它是细节的累积，需要我们用心发现，用心制造。

惊喜效应产生的规律

一对结婚十几年的夫妻，生活归于平淡。每天丈夫对妻子只有三句话：我上班去了，我回来了，我睡觉了。妻子想着自己的婚姻也就这样了，要不是为了孩子，可能两个人早就各奔东西，于是对丈夫也很冷漠。

一天，丈夫回家，把一束玫瑰花递给了妻子，让妻子很是奇怪。然后，他竟主动走入厨房，做了一桌好菜，再次让妻子惊奇。晚饭后，竟拉着妻子的手到附近的公园散步。整个晚上，妻子都在惊奇、忐忑中度过。后来一问才知道，丈夫的公司为了让员工工作和家庭得到共同发展，特地请来一位婚姻专家为员工上课。听过课后的丈夫深受触动，觉得自己的婚姻已平淡到可怕的地步，于是便想做出改变。丈夫不知道，自己的这个改变让本来已经绝望的妻子再次看到了婚姻的美好，整个人也变得不一样了。

丈夫不同于平日的改变，在妻子看来是惊喜。而惊喜竟然是挽救麻木婚姻的良药，这带来的一系列的变化便是惊喜效应。

我初入职场的时候，有一次接到公司任务，去拜访一位姓王的市局领导。作为职场新人，独自去见一位大人物，我当时的忐忑心情可想而知。一路上，我都在想，王局长官威会不会很大？如果我说错话得罪了王局长怎么办？我越想心里越虚，颤颤巍巍中甚至想不干了，想辞职逃跑。不过，我最终还是硬着头皮见了王局长。没想到的是，王局长不但没有官威，反而对我很热情，结束后还请我吃了一顿饭。那天的一切对我来说是太惊喜了。那次的任务我完成得很好，我对今后的工作也充满了信心，在工作中常常期待惊喜的发生。

惊喜效应是惊和喜碰撞从而产生的连锁反应，它并不仅仅局限在带给我们情绪情感上的体验那么简单。

惊喜效应的产生有一定的规律，它要人们在超越预期、突如其来的好事面前产生惊喜之感，然后在这个惊喜的影响之下，使得行为、态度和心理发生改变。

惊喜效应的出现要有超越预期、突如其来的好事。

不在预想范围之内，突如其来的好事才能产生惊喜效应。

对于那些我们已经提前知道，或者在自己预想范围之内的好事，产生的仅仅是喜悦，而不是惊喜。这也是为什么我们经常会在电视剧中看到，剧中人物为家人、爱人、朋友过生日的时候，常常要“背着”准备的原因。因为有惊喜的生日和没有惊喜的生日，带来的体验感是不一样的。惊喜是一种积极的强化作用。有人送礼物、准备生日，带来的喜悦感和幸福感可想而知。可是，超越预期，突如其来的生日带来的喜悦感和幸福感是呈几何倍数上涨的，更能体现自己的真情和用心。

所以，若想利用惊喜效应带来改变，一定要超越对方的预期，让好事突如其来。

超越预期的好事会带来一系列的改变。

我们所处的世界是一个联系的世界，万事万物之间都存在着错综复杂的联系。事情的发生，无论好坏都会对我们和周围的环境产生影响。不好的事情会让我们情绪低落、消极气馁，好事则常使我们心情愉悦、乐观向上。而如果是超越预期的好事，带来的影响和改变可想而知。

惊喜效应的出现会改变我们对人对事的态度和看法，让我们情感忠诚。

正如我初入职场去拜访的那位领导。在我拜访之前，领导的形象是高高在上、威严十足的。可是，见了本人之后，他的亲切友善让我产生惊喜，从而改变了对他的看法。同时，也改变了我对工作的态度，让我遇到困难不是一味地退缩。

所谓“人非草木，孰能无情”，一件能在我们的情绪感受中达到惊喜层面的事情，必定存在触动我们内心的因素，而这种因素必然会让我们的态度和看法发生转变。

惊喜效应会改变我们的行为，让我们行为忠诚。

惊喜发生之后，会改变我们的行为，让我们的行为向着更有利于双方发展的方向走去。比如，老板给员工涨工资，让员工惊喜。

涨工资带来的最直接的变化，就是员工的工作更加努力、态度更加积极、对企业和老板的抱怨也随之减少，在外在的行为上让他人觉得员工是忠诚于这家企业和老板的。

因此，利用超越预期的惊喜之感，可以在工作、生活和交往中改变自身和他人的态度、行为和心理，润滑彼此之间的感情，获得忠诚。

惊喜效应的巨大能量

惊喜效应能使人与人之间建立心理契约或者心理承诺，而其带来的改变表现在以下方面。

● **惊喜效应加固人与人之间的忠诚感**

老板吩咐的任务没有按时按质完成。在交任务的时候，低着头走进老板办公室，心里早已做好了挨训甚至扣奖金的准备。然而，老板却没有大发雷霆，而是言语鼓励。最终，预想的批评没有下来，反而得到了老板的鼓励，内心便产生了惊喜。这个时候，大多数的人都会觉得有这样一个体恤下属的老板是件幸事，对老板和工作也会更加忠诚。

女孩独自在公司加班到很晚，当悲伤情绪被放到无限大的时候，男朋友捧着爱心夜宵突然出现，带给女孩惊喜，让其感动不已。女孩在心里想："他对我真好，我要好好珍惜他。"这时，惊喜便增加了感情的忠诚度。

拿着质量有问题的产品怒气冲冲地冲到店铺中，本来想着不退款就要大吵一场，连打“12135”消费者投诉举报电话的准备都有了，却突然接到卖家的真诚道歉，换了货不说，还送了小礼物，让人颇为意外。因为其贴心而周到的服务，买东西还选这一家。

……

无论是行为或者情感上的忠诚，都是惊喜效应带来的心理上的契约和承诺，这个契约和承诺可以增加人与人之间的信任感。

一般来说，“口头承诺”在很多人眼中是很不靠谱的。所以，谈恋爱时，光说“我爱你”是不够的，要送礼物，要制造浪漫，事事都要以对方为中心；找工作时，企业和员工双向承诺是不够的，要签劳动协议，用法律程序保障双方的利益。

但是，这样做，并不能填补我们心理对安全感的需求，给我们心理带来强有力的保证。

有了结婚证的也可能会分开，签了劳动协议的员工也会随时离开。白纸黑字的协议同口中的话一样，同样轻飘飘的没有分量。在这个世界上最有力量的协议，不是嘴上说的，也不是纸上写的，而是心里所许下的承诺，也就是我们说的心理契约。虽然这个承诺没有说给任何人听，也没有写在纸上盖上印章，但是人们会坚定地兑现它。这时候，心理承诺发挥的效用往往是最大的。

无论是结婚证书，还是劳动合同，它们所要完成的都是满足我们的心理期望，满足我们的“要”。

每一个认真谈恋爱的人，他们的心理期望，都是“要”一个人能关心她/他，爱她/他，给她/他一个美好而幸福的未来；签劳动合同，双方想“要”的都是一个保证，用人单位的期望是员工创造价值，应聘者的期望是工资高、好的工作环境、晋升平台等。

这些契约、期望、承诺要实现，促使双方达成心理契约，发挥最大效果的，就是“惊喜效应”。

● 惊喜效应带来生产力

惊喜属于喜悦的范畴。对于喜悦的事情，我们会身心愉悦。而当人身心愉悦的时候，会促进大脑产生内啡肽。内啡肽能增加我们的记忆力，提高我们的工作效率。所以，从这方面来说，惊喜效应具有生产力。

惊喜状态下，更能促进事情的完成。

我曾经接过一个项目，在同这个项目的总承包方谈合同的时候，通过惊喜效应使得这个项目在双方满意的基础上顺利完成。

当时，我和总承包方的张总就合同价格进行了激烈的探讨。所谓“买卖不一心”。张总想能多赚一点是一点，而我自然想节约成本，把价格最大限度地往下压。

经过长时间的交谈和让步之后，我们合同的初步定价为 8000 万元，这个价格张总勉强接受。

后来，我问张总：“张总，我们合同上的承诺能不能做到？”

张总自然一口应承，说没有问题。

我继续问：“那质量要求能不能达标呢？”

张总又一拍胸脯，肯定地说：“这个你放心，合同上写得清清楚楚，合同一签可不是闹着玩的。”

我听对方这样说，当即承诺说：“如果你能保证质量，我愿再多出 300 万元，总价为 8300 万元。”

张总一听我这话，很意外，这个时候竟然还能多出 300 万元。张总的瞳孔当时都放大了，脸上露出喜悦之色，口中不停地说：“没问题，没问题。”

这是我砍价的技巧，但对张总和他手下的员工来说却是一个意外的惊喜。其实，这个项目的合理价格应该在 8500 万元左右。而我过度地压价，已经让对方觉得这个项目没有多少利润可赚。我心里明白，如果把价格压得太低，对方就不愿好好干活儿。而现在，我多出的 300 万元，就轻而易举地能让对方惊喜，觉得这确实是多出的 300 万元。通过这 300 万元的惊喜，双方建立起心理契约，从而把质量、工期都保证了。

同样，有些老板喜欢给员工制造惊喜。升职、涨工资、发奖金、聚餐、旅游，甚至是恰当的鼓励，犯错误之后的手下留情，这些对员工来说，都是惊喜。而老板这样做的目的，也只有一个，让你对他产生忠诚，好好地为他工作。

惊喜效应的结果判断

利用惊喜可以很好地俘获对方的忠诚。可是，忠诚并不像我们的工作量，完成了，完成得好，都可以看到。这就需要我们有一双能够对惊喜效应的结果做出判断的“慧眼”。

● **忠诚的两种表象**

忠诚分为两种：一种是情感忠诚，一种是行为忠诚。

我举一个较为简单的例子。

有一对夫妻经常吵架，有时甚至会大打出手。可是，这对夫妻的任何一方从来没有出过轨，即使感情有问题，也一直在努力地维持着这段婚姻。那么，这对夫妻之间的忠诚就是行为忠诚。

而另一对夫妻一直非常恩爱，两个人感情也很好。有一次男方出差，没有管好自己，出轨了，事后非常懊悔，回来以后对自己的老婆更好。这个男人对老婆的忠诚就叫情感忠诚。

不光是在男女关系上，在职场中，也有行为忠诚和情感忠诚。

比如说，员工之间私下议论老板。员工 A 同其他员工一样，也说老板的不是。可是，员工 A 这样做，只是为了不被其他员工孤立，显得同其他员工站在一条战线上，而在老板交代任务的时候，却非常认真，努力完成。这个时候，员工 A 对老板便是情感忠诚，而对其他员工则是行为忠诚。而员工 B 不同其他人一同议论老板和公司，只是做个沉默的倾听者。但是，在心理上和意识上，对老板也有些抵触。那么，员工 B 对老板便是行为忠诚，对其他员工则是情感忠诚。

在销售上也存在这样的事情。比如说，我是海尔的忠实拥护者，每次人们说起海尔不好的时候，我都要据理力争，和他们进行辩解，但是第二天我去商场买电视机的时候，选来选去却买了一台长虹回家了，我对海尔这就叫情感忠诚。而如果我在吃饭的时候和大家说起电器，就说海尔这不好那不好，有很多的缺点，但是在第二天我去买电器的时候，挑选了半天最后还是买了一件海尔的电器，这就叫行为忠诚。

忠诚不一样，便会产生不一样的结果。

行为忠诚会在行为上坚定地维护，情感上存在叛逆心。而情感忠诚，则在情感、态度上忠贞不贰，却在行为上逆反。

在职场和销售中，行为忠诚为企业创造当期利益，而情感忠诚则为企业创造长远利益。

由于忠诚有不同的表现，在具体的操作过程中，我们必须学会根据现象区分对象的忠诚是属于行为忠诚还是属于情感忠诚，从而判断惊喜效应产生的结果。

● 用惊喜带来行为和情感上的同时忠诚

我们把惊喜应用在工作和生活中，就是要达到行为和情感同时忠诚，才足够牢固。这就要求，把惊喜效应的能量发挥到最大限度。

我之前出差曾入住一家较为偏僻的酒店，酒店经常会为我制造一些小惊喜。但是，从严格意义上来说，它给我带来的惊喜还不足以打动我再次选择入住。这当然有它较为偏僻的客观原因存在。而这个客观原因对出差图省事、方便、快捷的我来说，已经把它所带给我的惊喜给抵消了。即使我口头上对它称赞不已，产生情感忠诚。但是，我在行为上也会选择其他酒店。如果这家酒店在交通快捷的市中心，闹中取静，优雅整洁，服务周到，就足够让人惊喜。再如果，这家酒店在价格方面又经济实惠，就会成为很多住客的选择，我更会是其中的回头客之一。

现在的一些品牌，在宣传、产品外观、包装上苦下功夫，给客户带来视觉上的惊喜，让客户一见就产生情感忠诚。但是，在产品品质上却不尽如人意，这并不会让客户行为忠诚，甚至到最后连客户的情感忠诚也留不住。

我们看看现在的小米手机，它的竞争对手不是苹果就是三星，同这两位高富帅相比，自己就是屌丝。可是，它为什么会火?

因为惊喜!

首先，它配置高端，单看外形，就同市场上低端机拉开了距离。这一点让用户惊喜。其次，它价格实惠。拿苹果和三星来说，小米算是满足了用户用较少的钱买最好的手机的愿望。在用户的心里，高端的智能手机价格也高端。可是，小米的存在却超越了用户的预期，其高配置、低价格给用户带来惊喜。而小米的抢购活动，更让不少人心动。这自然让粉丝们对它情感忠诚的同时，行为也忠诚。

惊喜若想获得对方行为和情感上同时忠诚的结果，一要足够有新意，二要足够打动人。

有新意，才能同大众区分开来，满足人们求新求异的心理。同时，新意处更能看到一个人的用心。我们住酒店，为什么会对酒店中写上祝福语的小卡片、放在桌子上的鲜花和墙角处的小书架惊喜，因为用心，我们能从这些用心中感受到这家酒店把客户放在了心上，是用心在欢迎客户的到来。

惊喜要打动人心，就要顺着对方的心意出发，然后超越对方的心理预期。比如，新入职的员工由于对公司和同事不熟悉，会觉得有些孤立和不适应。如果这个时候，老板找员工进行一次贴心的谈话，或者举办一个小型的欢迎会，就足够让新员工感动。因为，这正是他想要的。而老板的做法，已经完全超越了他的预期，他很容易对老板和公司产生行为和情感上的同时忠诚。

惊喜效应的正能量与负效应

美国一家民间机构曾对22个国家共2万多人进行快乐指标方面的调查，结果表明：46%的美国人对自己的生活感到快乐，是快乐度最高的国家；37%的印度人乐呵呵地生活着；而到中国，只有9%的人感觉到快乐。

这也就是说，每100个中国人中只有9个人认为自己是快乐的。反过来说，每10个人中，就有9个人觉得自己不快乐。

前几年，我国各地都在举办一个叫“开心指数”的测试活动。北京以56.06%的“开心指数”荣获“最开心城市”的桂冠，排名第二到第六位的城市分别是：上海、昆明、西安、广州和成都。

对这个测试数据，我感到了很大的不安。因为，我们反过来解读，即便名为“最开心城市”的北京，依然有半数人感到不开心，更不要说全国其他的城市了。

社会发展到现在，我们唯一可以肯定的是，我们的经济依然在高速发展，2010年GDP超过日本，成为全世界仅次于美国的第二大经济体。可是，物质生活的不断丰富，非但没有让大多数人拥有同物质相对等的快乐，相反，越来越多的中国人加入不快乐的群体中，在生活中越来越不快乐。

在中国人快乐普遍缺失，幸福感薄弱的当下，对我们个体而言，需要一种能够改变我们目前状态的良药，它便是惊喜。

● 惊喜效应的正能量

我有一个非常深刻的感受：走在大街上，鲜少看到人们发自内心的微笑，笑都是礼仪礼貌之下的模式化。我相信大多数的人同我的感受一样，我们每天遭遇的多是一张张悲戚、愁苦、冷漠、沉重、担忧的脸，罕见有发自内心带着微笑的脸。因为，我们都不快乐！

不快乐让我们体会不到生活的乐趣，让我们带着负面情绪过活。

人的情绪具有传染性，尤其是负面情绪。科学实验表明，悲伤、愤怒、恐惧、担忧这一类的负面情绪具有超强的传染性。我们极其容易把自己的情绪“垃圾”倾倒在他人身上，他人再传递给他人。

负面情绪之下聚集的便是负能量。而当我们的整个社会陷入一种负能量的旋涡中，极易形成一种恶性循环，这种恶性循环足以让我们整个社会脱离正轨。

来自我们每个人身边的惊喜，可以改变我们的状态，让我们重寻快乐。惊喜效应能够为我们带来正能量。一个小小的惊喜常常能改变我们的生活，让我们拥有不一样的体验。

我曾经有一段时间因为工作压力大，情绪很不好，常常把负面情绪带给身边的家人和朋友，最终把生活和工作搞成一团乱麻，自己很不快乐。

后来的一天，就在我为一个案子焦头烂额的时候，老总把我叫到办公室，这让我情绪更加低落，觉得自己的整个人生都不好了。然而，意外的是，老总不是批评我，而是和我在办公室来了一次长谈，谈工作，谈家庭，谈事业和理想。在肯定我工作成绩的同时，鼓励我继续努力，不要让自己的情绪成为羁绊。

老总的谈话其实是基于我情绪状态不好而进行的。但是，我却收到了惊喜。那天，我和老总像朋友一样在谈天，我在感受到老总重视的同时，更消除了多日来的阴霾。长谈过后，我的心情舒畅了不少，阴沉的脸也见到了晴天，不再把负面情绪带给身边的人，同他人的相处也自然快乐很多。那时，我的人生再次充满了能量，我也觉得自己的生活并没有那么糟糕，很多地方是可以改变，让我重新拥有快乐的。

当不快乐的阴霾来临的时候，我们每个人要做的就是挖掘惊喜，制造惊喜，激发正能量。

● 惊喜效应的负效应

我在网上看到这样一篇报道。事情发生在哈尔滨，某男子与朋友三人大闹饭店，原因竟然是这家饭店没给几位熟客上果盘。原来，这位男子经常和朋友光顾这家饭店，饭店每次都会在最后赠送给他们一份果盘。然而，这一次，男子却发现饭店没有像往常一样给他们赠送果盘，于是便质问服务人员："你不认识我啊，在这吃饭哪次不给我上果盘？”说完，不等对方解释，便开始谩骂，甚至动起手来，最后将吧台内的电脑、酒杯砸坏，还将两位经理打伤。

用餐赠送果盘或者其他礼品，这是很多酒店都会采取的策略，以此吸引更多的顾客光临。第一次接到免费赠送的礼品，所有的客户都会感到惊喜，对饭店的评价也会很高。但是，惊喜带来的效果会随着使用次数的增加而越来越弱。一旦饭店取消了免费赠送的礼物，很多客户就会抱怨：“为什么不送果盘了？我前天在这儿吃还送呢！”

所以，在制造惊喜的过程中，如果同一个方法多次使用，产生的效果就会逐渐减弱，我将其称为惊喜效应的递减规律，当它达到一定的临界点时，就会引发负向的激励效果，也就是惊喜效应的负效应。

科学家研究人的大脑发现，我们的大脑喜欢新的变化，厌倦重复的事物。所以当我们反复接受一件事物，就会感到疲惫或情绪低落。比如不断听一首歌、吃一样食物，或者从事一件重复性很强的工作。如果我们长时间接触重复的事物，甚至会对大脑造成损伤，这种损伤缘于细胞激素的不断生成，干扰我们神经中枢正常工作。

相反，新鲜的事物总会带给人们眼前一亮的感觉，比如春季盛开的花朵、专卖店里新进的一批新款服装，甚至是新开业店家的牌匾，都会让人为之侧目，感到惊喜。

人的本性之一，就是希望不断学习新的东西，获得新的刺激，从而产生愉悦感。

因此，一份惊喜在第一次使用时，会收到很好的效果，从而产生很强的正向效应。然而，当重复多次使用之后，对方就会逐渐丧失感觉。

第二章　惊喜效应产生的方法

惊喜效应能给我们的生活和工作带来强大的正能量，那么如何制造惊喜效应呢？通过大量研究，我总结出惊喜效应产生的四条普遍性规律：设计悬念、打造体验点、打破常规、降低预期。

悬念设计：让“喜”变成“惊喜”

我们经常在电影、电视和生活中看到这样的片段：

男生先把玫瑰花藏在身后，走到心仪的女生面前，突然把花从背后拿出送给女孩；

求婚时，男生总爱说“请闭上眼睛”“猜猜这是什么”，或者把戒指藏在糕点中，等待女孩发现；

生日那天，落寞地独自回家，刚打开房门，便听到屋内一阵欢呼，荧荧烛火伴随着缓缓推过来的蛋糕……

上述种种，其实遵循的都是同一种行动原理：制造悬念。

某公司的销售部拿下了一位大客户，老总计划为销售部全体开一个别开生面的庆功宴。在周末这一天，他打电话给销售部全体成员，告知他们立刻到公司参与一个重要会议。员工们怀着各自的猜想来到公司，刚到公司门口便被部门主管一脸凝重地请到会议室。众人惴惴不安地走进门，随之而来的竟是意外的掌声和彩带，这让他们惊喜不已。

这便是悬念带来的非凡效果。

悬念可以激活我们紧张而期待的心情，因为想不到、出乎意料而“惊”，因为超越预期而“喜”。

那么，我们如何设计悬念给他人带来惊喜呢?

一般来说，悬念分为期待式悬念和突发式悬念两种。

所谓期待式悬念，就是在对谜底不完全保密的情况下，让对方对结果做出预测，产生期待；而突发式悬念则是在对谜底严加保密的情况下，让对方没有任何心理准备而大吃一惊。因此，突发式悬念带来的惊喜效果往往更加明显。

无论是期待式悬念，还是突发式悬念，主要依靠三种手段：**一是制造氛围，二是拖延，三是突变。**

制造氛围，就是营造一种环境与情调，让对方产生紧张和期待的心情。这种方式常用于期待式悬念中。比如，在送给对方礼物时，先让对方闭上眼睛，对方自然而然会联想到是不是有什么惊喜，从而产生紧张而期待的心情。

拖延，就是延长谜底揭露的时间，也可以说是吊足对方胃口。比如，魔术师在变魔术的过程中，总是不急于揭晓答案，或者是把观众引领到另一个思考方向。待揭开答案的那一刻，结果总是与观众所猜想的不同，从而让观众尖叫。需要注意的是，这个惊喜一定要足够特别、别致，要迎合对方心意，不然很容易让对方觉得你在耍他 / 她。

突变，就是方向急转，出乎意料。比如，原以为要挨骂，结果却受到了表扬；原以为没机会签约了，客户却给了一个大单。这些突变式转折都会带来惊喜效应。

在制造惊喜而设计悬念的时候，需要注意下面几点：

1. 谜底不宜过于隐晦

谜底过于隐晦，很容易让人产生挫败感，从而会减弱惊喜效果。比如，送礼物时让对方猜，对方猜了很久都猜不到。这个时候，发了脾气，说了一句“不要了”，是会很扫兴的。或者礼物不合对方心意，猜了半天最终满心失望，本来是为制造惊喜，结果却兴趣索然，彻底冷场。

2. 揭露谜底不能过于拖沓

揭露谜底的等待时间过长，很容易让人失去耐心和兴趣，从而会抵消我们心中所积累的惊喜感。

3. 谜底要带来十足的喜悦

我们在设计悬念的时候，要保证结果确实能让对方喜悦，让对方高兴。最好是对方期待许久的，或者是对方一直钟爱的。

悬念，就是“惊”与“喜”的催化剂，能让两者发生化学反应，进而生成“惊喜”这一全新的心理体验。

打造体验点：让对方置身惊喜之中

通常，房地产销售人员在带客户参观时，都有一条事先规划好的看房路线。比如从小区门口到单元楼，什么时间走，要经过哪些地方。而这些地方则要让客户感受到小区最佳的风貌，一座假山或者小区内的园艺，或者参观一些功能建筑——幼儿园、游泳池等，最后看样板房。每一个节点都要有体验点，让顾客身处其中体会“拥有”的感觉。

这就是体验点设计，当每个体验点都能给客户带来惊喜感，这种感觉就会不断叠加，最终征服一个人的心智和腰包。

体验是一种过程，但是，如果能够在整个过程中设计并强化几个特定节点，用以超越对方的预期，则能够大幅强化整个体验过程的效果。

有些商家的产品或服务其实挺优异，但是客户在体验后却总是感觉很平庸，主要就是缺乏体验点强化设计的原因。由于没有被着重强化的体验点，所以客户在体验后就会有这样的感受：“整体很不错，但好像没什么特别出彩的地方。”最终，他们不会心甘情愿地埋单。

意识到这一点的企业，其体验点设计已经不只局限于销售的环节，而是深化到了产品的设计、生产，服务的方案、模式等。在这个开放的时代，同质化的产品和服务越来越多，独一无二的用户体验才是展示自我、赢得客户的最佳“法宝”。而客户的选择增多，话语权增加，真正让他们做出购买决定的也不再是产品或服务的主体功能，而是一些“微不足道”的惊喜细节。

打造体验点，不是有了什么奇思妙想就急不可待地用上，而是需要有明确的思路、完整的规划。体验点必须要为体验的主体服务，否则，体验点就难以产生惊喜。无论是商业领域还是生活领域，都可以按照以下的思路打造体验点，优化体验场景。

1. 描绘完整的体验场景

打造与众不同的体验点，需要对整个体验场景有着深入的理解和感受，这恰恰是许多人容易忽视的。

比如，某款搭载全新功能的手机，商家在展示时通常都会围绕新功能，以此来吸引眼球。但用户做出购买决策，并不会仅仅因为一个新功能。他们首先会看手机的整体造型，是否符合自己的审美；然后感受一下大小和手感，自己用起来是否舒适；最后才会关注各类功能，看是否能满足自己的各种需求。这就是一个完整的体验场景，每一个环节商家都可以打造一个体验点，这比仅仅介绍新功能更有效。

2. 分析诉求，寻找兴趣点或痛点

体验点最好能够和对方的兴趣点或痛点重合，这样能够强化认知，更容易产生惊喜感。

比如，男士在同女朋友约会时，设计一天的行程就要根据对方的喜好，包括到哪里用餐、看哪场电影、去哪里游玩等。如果每一个环节都能做到“投其所好”，那么一整天的约会必定能让对方惊喜万分。

对商家来说，用户的痛点实质上就是需求点，针对痛点设计体验点，往往能够“一石二鸟”。很多时候，用户自己并不知道痛点在哪儿，或是不知道痛点的解决方案是什么。这就需要企业做好分析工作，深入挖掘。例如在触屏手机出来之前，人们并未感觉按键手机有不方便之处，但如今，让习惯触屏手机的人再去用按键手机，恐怕就会让他们痛苦不堪了。所以，挖掘痛点一定要深入，不能流于表面，而是要竭力为对方提供更好的方案。

3. 制订最小化方案

当瞄准体验点后，就要着手制订一个完整的体验方案，而方案设计的最基本原则就是力求最小化。

为了增加或改善体验点，而将原有的流程复杂化，这是最愚蠢的做法，其结果往往会增加对方的痛点或不满。每个人都不希望时间被白白浪费，都希望找到一个解决问题和节约时间的平衡点。如果方案过于复杂，那么对方可能会觉得自己被强迫做了本不想做的事，带来的感受可能就不是惊喜，而是戒备和逆反心理。

就拿带客户参观小区来说，最佳路线一定是了解主要信息的最短路线，如果没有做好规划，带着客户一会儿向东一会儿向西，不断折返，客户肯定不会有好印象，反而会觉得小区设计得毫无章法。

4. 以点连线，由线及面

体验点的打造应当围绕一个中心，按照一条线索铺开，这样更容易产生联动效应，营造惊喜的氛围。

苹果公司是最擅长营造用户体验的公司之一。iPhone 在刚面世时，其触屏式设计为用户带来了惊喜，但如今，智能机几乎全都采用了这种设计，也就不新鲜了。不过 iPhone 并未因此被冷落，每一次新品上市，总是让用户惊喜连连。因为 iPhone 的外观设计、系统、软件乃至使用感受，这些全都与众不同，共同构成了一个独一无二的产品，这是其他对手难以模仿的。

苹果的体验店同样与众不同。苹果体验店的面积很大，但展示的商品数量并不多，给人以高端大气的印象，而不是像通常的体验店一样，小小的空间堆满了形形色色的商品，推销取代体验成为第一目的。

可以说，苹果从产品到服务的所有的体验点，都是围绕着简约、方便、时尚的思想打造的，并最终形成了让人惊喜的苹果印象。

打造体验点，就如同在服装上添加配饰，如果配饰不够抢眼，那么就没有作用，反而沦为一种累赘，成功的配饰设计是对整体形象的浓缩。体验点的打造也是一样，要让对方在整体感受得到满足的同时，清楚地感受到印象深刻的部分，从而让整体认知的惊喜感得到一次升华。

打破常规：常规是惊喜最大的忌讳

一对相处了五年的情侣，在第五个交往纪念日当天扫兴分手。原因是，男孩五年如一日地把姑娘带到自己家中，吃着从未变样的晚餐。

在广告公司之间的比稿会上，委托方在宣布最终结果的时候，拒绝了所有参加比稿会的广告公司。原因是，思路陈旧，毫无新意。

把千辛万苦想出来的工作方案递给顶头上司，没有得到赞扬，而是被全盘否定，方案打回重做。原因是，不出彩，没有灵光一现。

……

我们从小都被教育“没有规矩不成方圆”，做事要按常理出牌。可是，“常规”恰恰是惊喜的大敌。因为，它带给人们的都是千篇一律、索然无味的东西，不能让人耳目一新，眼前一亮。

打破常规是最容易制造惊喜的手段。

“惊喜”的“惊”，含义是意想不到。那些常规的事情，我们早已对其流程和结果烂熟于心，会顺着线性思维推导出结果，让人没有任何想象的空间，从而产生视觉和心理上的疲劳。

2015 年，电影版《魔法灰姑娘》上映未火，而网上有一篇分析灰姑娘的文章却火了。这篇文章彻底刷新了我们对灰姑娘的认识：灰姑娘其实就是位白富美，同时更是个心机女，玻璃鞋是故意遗落的，对待继母和姐姐也不是真的忍让……

所以，打破常规，才能制造与众不同的惊喜。

打破常规就是要求我们做不一样的事情。需要我们摆脱固有的思维，不要盲目跟风，要别出心裁，做出自己的个性和特点，体现自己的心思。

很多人感觉，规矩容易遵守，但打破常规就不那么容易。因为，它除了需要有勇气之外，还需要有头脑。事实上，打破常规并没有想象中那么难。只要我们多花点心思，一处细微的改变也能给他人带来惊喜。

在制作个人简历的时候，不是千篇一律地在白纸黑字上介绍自己，而是作一幅求职漫画。这样便能给应聘公司带来惊喜，同时，也巧妙地展示了自己的创意。

为了表示对下属的关心和鼓励，不是像多数领导那样当面表扬，而是在下属们的桌前放一张小字条，画一个笑脸，写上一句暖心的话，这对下属来说便是一个惊喜，足够温暖他们一整天。

在惊喜效应中，我们会发现，一个惊喜初次使用时，效果极佳。然而，当你重复使用多次，惊喜的力量便会逐渐减弱。直至最后，对方会彻底失去感觉。

在打破常规制造惊喜中，我们一定要避免同一种方法重复使用。

再有新意的点子，用的次数多了，也会变得老套。

男生每次见女朋友的时候都会从背后拿出一束鲜花，下次她就知道你背后有一束花了，而次数多了她就便会厌烦地说："你能不能玩点新花样啊，每次都这样！"

所以，当我们打破一个普遍性的常规之后，还要避免让自己陷入另一个常规中。这样，才能让惊喜源源不断。

降低期望：让超越成为可能

有一家公司因市场不景气，经营陷入困境，导致当年出现财务赤字。

临近年底，员工的年终奖问题让老板心事重重。在今年公司亏损的情况下，员工的年终奖预期将缩水一半以上。辛苦了一年，没拿到预期数额的年终奖，任谁心里也不舒坦，肯定会产生各种抱怨和不满，甚至会导致人员流失。

后来，总经理了解到老板的烦恼，帮他出了一个主意。

不久，公司便传出了小道消息：由于公司业务市场萧条，年底要裁员。

消息传出后，顿时人心惶惶，唯恐被裁的会是自己。

然而过了一周后，总经理在全体会议上向所有员工宣布："公司虽然艰苦，但再艰苦也不能放弃曾经共同战斗的同事。只是，今年的年终奖金发不了了。"

听说公司不裁员，员工心头多日来的大石头终于落了下来。而至于有没有年终奖，已经没人关心了，众人都沉浸在庆幸之中。

除夕将至，每位员工都做好了今年过个穷年的准备。就在这时，老板突然召集各部门经理，召开了一个紧急会议。没过几分钟，经理们纷纷兴冲冲地冲进各自部门，兴奋地对下属说：“有了！有了！今年还是有年终奖金的，公司要让大家过个好年，决定发一半的奖金！”听到这个消息后，整栋公司大楼爆发出了一片欢呼声。此刻，往年的年终奖数额是多少，他们早已不在意了。

这家公司的高层很聪明，他们先将员工的期待降到低谷，然后再超越员工的心理预期，从而在困境中引发了惊喜效应。

美国心理学家赫茨伯格在其双因素理论中提到，影响人们行为的因素主要有两类：一是保健因素，二是激励因素。

所谓保健因素，就是促使人们不产生不满情绪的因素。而激励因素，就是促使人们产生满意感的因素。

赫茨伯格举例说，在工作中，每个人都有期望的标准，达到这个人的期望，就是实现了保健因素，可以让这个人不抱怨，但不会提高工作效率，而超越他的期望，便会产生激励效果，从而提高工作效率。

灵活合理地运用双因素理论，是制造惊喜效应的重要方式之一。

双因素理论中特别强调了，激励因素的运用一定要适时适度，否则很容易转变为保健因素，进而失去其应有的效力。比如，一家公司如果给予员工的奖励过于频繁，且与绩效没有具体量化的联系，那么就很难产生激励作用，反而会让员工把奖金等同于工资。

从这一原理出发，我们可以反向运用：如果事先降低对方的期望值，那么便能将原本的保健因素转化为激励因素，从而用更低的成本或是在不利局面中制造出惊喜效应。

在开篇中，那家公司的老板为了不因年终奖缩水而使员工情绪波动，先后通过裁员和不发年终奖的方式，两次降低了员工的心理预期。最后，当缩水了一半的年终奖发放后，员工非但没有不满，反而惊喜万分，自此对工作、对公司更加忠心耿耿。

所以，先降低对方的心理期望，让超越期望变得可能，也更容易产生惊喜。

赵成和徐伟是同一家报社的编辑，两人差不多同时入职，能力也不相上下。一次，主编交代给二人难度相当的两份稿件，要求他们同一天交稿。在沟通交稿日期的时候，赵成拍着胸脯说可以提前一天完成，让主编充满期待。徐伟，则要在规定时间的基础上向后推迟两天，主编勉为其难地接受了。可是，最后赵成却拖稿了两天，在主编那里食言。徐伟，却意外地提前了三天完成，而且质量不俗，让主编惊喜万分。自此，主编更乐意把任务交给徐伟去做。

这就是降低期望所带来的惊喜效应。期望降低了，也就意味着应对的难度降低了，从而更容易超越预期效果。

降低期望虽然更易带来惊喜，但在实施时也须注意技巧。

原有的期望被降低，很容易让人产生失望不满的情绪，这样的情绪极易削弱最终的惊喜程度。这个时候，我们需要注意，降低期望要维持在对方心理承受范围之内。

同时，降低期望不能是无条件的，要有充分而合理的理由，这样才能被对方接受。比如，减少年终奖，要么是市场不景气，要么是员工工作不到位，必须有理有据。不然，很容易让员工产生逆反心理。

此外，降低期望是为了更好地超越期望，这样才能产生惊喜。这就需要我们要有足够的信心超越对方的心理期望。比如，接受任务，在降低老板对工作完成时间和质量的预期之后，要有足够的信心能够提前并保质保量地完成，不然很容易让老板对你失去信任。

最重要的一点，我们在降低他人心理期望的时候，要注意沟通技巧。降低期望这种事情，很容易让对方产生抵触情绪，所以说话要委婉，不能理所当然，或者语出命令，要懂得照顾他人的情绪。

通过降低期望来制造惊喜效应的方式，不要频繁使用、重复使用，否则很容易被对方察觉或是形成心理惯性，从而达不到惊喜的效果。

第三章 惊喜效应在营销中的应用

很多企业绞尽脑汁希望产出最好最优的营销策略。其实，企业的营销对象是客户，只要我们掌握客户心理，从客户角度出发，制定出让客户惊喜的策略便能占据客户心智。

我们可以在企业的营销中，把惊喜效应运用进来，只要你能让客户惊喜，客户便会让你惊喜。

破译吸客留客的营销密码

我听过“我的地盘主题酒店”，却一直没有机会入住。一次，我去青岛出差，便订了这家酒店的房间。刚踏入酒店，前卫、时尚、个性的气息迎面扑来，让我感受到它所宣传的“太空文化”，同我往日入住的商务酒店一点都不一样。

我所入住的房间背景是天空蓝。靠床的墙壁是一片深蓝的海水，里面还有游弋的鱼，很真实也很好看。房间通透、灵动，待在里面，有种深入大海的感觉，让人的心很沉静，烦恼和压力也全部消散。这家主题酒店的设计让我很惊喜，体会到不一样的入住感觉。回去之后，也极力地和身边的人推荐，让他们也体验一把。

这家主题酒店的成功之处便是“主题”，通过不一样的设计、不一样的酒店文化，带给客户不一样的入住体验，很容易让追求时尚、个性的人惊喜。为了赢得竞争，占据客户的心智，现在的很多酒店都搞起“主题”，通过一些个性化的服务，让客户获得快乐、知识和刺激。做得不错的酒店，常常能培养出大批忠诚的客户，因为它们能够提供惊喜。

客户就是上帝，是企业利润的来源。一直以来，企业都想占据客户的心智，成为客户的首选品牌。然而当前，国内各行各业都面临着白热化的竞争，几乎所有企业都有着客户流失的困惑。客户流失直接对企业造成利润、资产、形象等方面的损失，成为企业集中精力处理的重要问题之一。

很多企业在宣传、产品、服务上下苦功夫，希望吸引到更多的客户，获得更多的客户流量。然而，在产品和服务同质化严重的今天，你能做到的，别人也能做到。面对这种情况，企业要采取什么样的营销手段，以吸引客户的眼光，又要采取什么样的手段，留住客户，培养客户的忠心？

答案是惊喜效应。

如果产品和服务初次宣传就能给客户带来惊喜，就能迅速吸引客户的目光。而如果产品或服务能超越客户的预期，不断地给客户带来惊喜，就能促使客户成为回头客，从而培养自己的忠诚客户。

我身边的朋友经常对我说："海尔的服务很周到，装修人员进门还戴鞋套，不喝水也不抽烟，走的时候还记得把垃圾都带走，做得真好！"

我朋友说的话是事实，海尔在服务上也做到了这些。可是，只有海尔做到这点了吗？

如今，服务业迅速发展，各行各业都在提升服务质量，很多企业都会提供上门服务，而服务态度良好、不给客户添麻烦这些都是最基本的服务理念。但是，为什么只有海尔赢得了良好的市场口碑，让客户不自觉地充当推销员呢？

答案是海尔服务后的回访电话。

一般情况下，我们接受到海尔的上门服务之后，海尔的客服会做一次电话回访。

海尔客服：您好，我们的服务人员有没有在约定的时间给您安装好？

用户：已经安装好了，挺快的。

海尔客服：我们的服务人员进门的时候有没有戴鞋套？

用户：嗯……好像戴了。

海尔客服：我们的服务人员有没有在您家喝水、抽烟？

用户：没有，我给他们倒水也没有喝，说有规定。

海尔客服：那他们走的时候有没有把垃圾清理干净？

用户：应该是都清理走了。

海尔客服：最后一个问题，您对我们的服务感到满意吗？还有什么要求吗？

用户：没有没有，你们做得很好。

放下电话后，这家主人就会有这样一个印象：原来海尔的服务做得这么好。难怪总有人说，海尔服务真是周到，比我们想得周到多了。

显然，客户直到体验完都没有意识到海尔服务好还是不好，而客服人员实际上是通过电话回访的方式在强化这种体验的感觉，从而让客户产生了迟来的惊喜。

海尔巧妙就巧妙在这里，它让体验达到了惊喜的程度。如果，海尔没有最后一通回访电话，或者客服没有这样问，客户对海尔的服务体验就会模糊，处在“感觉还挺好，没有特别”的阶段。而恰恰正是没有什么特别，让很多企业在竞争中没有自己忠诚的客户。海尔的这个做法，足以让客户因为惊喜产生情感或行为上的忠诚。

营销也是如此，当很多商家都采用相同的手段做促销、打广告，营销的效果就会相应降低。那么在不改变营销方式的情况下，创造一点惊喜在其中，就能够使你的营销加分。

用惊喜让客户在享受产品和服务过程中得到一种额外“奖励”，从而产生愉悦感，这样便会把购买和愉悦感联系在一起，最终促使客户产生重复性消费行为，成为忠诚的客户。

所以，在目标客户更加模糊化，客户忠诚度越来越难培养的互联网时代，惊喜就是吸客留客的密码。

满意还是惊喜？未来营销标准之争

情人节快到了，小王虽然在外地出差，但他想给女朋友一个“突然袭击”。所以小王便在网上预订了一束鲜花，指定好时间送到女朋友的公司里去。

“真想知道她突然收到花后的傻样。”小王幸福地想着那个场景。

然而，小王的美梦却被礼品公司硬生生地打断了。

礼品公司为了避免投递失败，一早便联系了小王女友：“有位姓王的先生为您预订了一束鲜花，在下午 5 点前送到 ×× 地点，请问届时您方便签收吗？”

虽然小王的女友在收到鲜花后也挺开心的，却让整个过程的体验感大打折扣。礼品公司的一个电话，便让小王所有的计划都付诸东流。

我们站在这家礼品公司的角度想，为了让客户能及时、方便地接收到礼物，也为了经营成本考虑，礼品公司提前打电话无可厚非。而且从订购到发货都完成得很顺利，也十分及时，快递员服务态度也很好，小王也收到了礼品公司的 VIP 会员卡，并被告知只要用这张卡便可以参加这个公司的活动，以此换取礼品，从这些来说，这家礼品公司的服务已经达到了客户满意的标准。但是，经此扫兴的事情之后，小王再也没有使用这家公司服务的兴趣了，原因就是这次服务体验不够，女友不够惊喜，小王的目的没有达到。

然而，如果我们把这个故事换一种情况：礼品公司没能准时送到，晚了半小时，而且快递员态度有些冷淡，小王最后也没能收到VIP会员卡。但是，一切都按照小王的意愿，是一次“突然袭击”，并当着全公司同事的面把花送到女友的办公桌上，结果会怎么样呢？

小王这次的目的只有一个，就是给女友惊喜。所以，无论快递公司有没有按时送达，有没有送给他VIP会员卡，小王都不会计较。

其实，消费者对服务的感知往往具有“一笑遮百丑”的心理学现象，如果你给顾客一个惊喜的体验，即使其他方面仅仅是过得去，也会得到顾客的高度评价。相反，一旦你在关键环节上犯了错误，或者是犯了看上去并不是错误的错误，使顾客期望之中的体验感下降，那么，即使你其他地方做得都非常完美，对顾客来说也是零！

● 从满意到惊喜，未来营销标准大变革

一度，提升客户满意度的概念被大力提倡。我们也将企业提供服务和产品的最高标准定义为客户满意，甚至还延伸出客户满意度调查的工具，并以此制定企业的营销方针。

在以往的企业认知中，似乎赢得顾客的满意就能赢得客户的忠诚，从而赢得整个市场。

事实上，客户满意只是企业吸客留客的第一步。美国学者

Weingand曾经在研究中将顾客价值分为：基本的价值、期望的价值、需求的价值和未期望的价值。企业从基本的价值、期望的价值、需求的价值逐步提高对顾客价值的满足，给顾客需要的或者想要的，就能让其满意。但从这个层面上来说，在产品、服务严重同质化的今天，很多企业和品牌都能够做到这一点。在未来，企业营销竞争的关键就在于：是否满足顾客未期望的价值。

满足顾客未期望的价值，不仅能够使顾客满意，更能使其惊喜。

满意是惊喜的基础，惊喜则是满意的延伸、升华。惊喜对于企业营销具有“锦上添花”“雪中送炭”的作用，使顾客由满意达到非常满意。

被誉为“现代营销学之父”的菲利普·科特勒认为：“高度满意与愉悦的顾客，将会激发其对品牌的情感，而非仅是理性偏好，并由此会进一步产生高度的顾客忠诚。”而这种高度满意与愉悦指的就是“惊喜”。

《服务管理与营销：服务竞争中的顾客管理》的作者克里斯廷·格罗鲁斯也在其作品中指出：“只有当服务提供者所提供的服务超过顾客期望并使顾客愉悦时，好的口碑才会产生，顾客也愿意与企业保持长期的合作关系。”而“超过顾客期望并使顾客愉悦”的服务同样是“惊喜”。

很显然，两位营销专家都认为：顾客惊喜可以带来顾客忠诚。而大量忠诚的顾客无疑是未来企业的生存命脉。

● 惊喜营销回归人性之道

消费心理学将客户的体验依次分为损失、满足、惊喜三个层次，其中损失被定义为客户预期得不到满足，或者所得非所愿，这是最差的客户体验；其次是满足客户预期，而更高级的则是超越客户预期。

举一个简单的例子。

飞机上的乘客想要一杯百事可乐解渴，可飞机上提供的只有可口可乐，乘客便只好喝可口可乐以此满足解渴的需要，有的客户甚至会产生抱怨："什么公司啊，连百事可乐都没有！"而如果你满足对方要求，就不会产生类似的抱怨。但是，如果你能提供一份惊喜，比如乘客想喝可口可乐，你可以提供加冰的、常温的和加热的三种，这就会让顾客产生惊喜感："这家公司的服务太周到了！"

所以，从这方面来说，"一个惊喜大于 N 个满意"。企业营销不只是要满足客户的预期，而是要想方设法在满足客户预期的基础上给客户带来惊喜。

客户惊喜与客户满意之间最大的不同点是客户惊喜的意外性，即企业所提供的是客户没有想到，但又是客户所需要的。可想而知，如果没有意外性，而是客户预料之中的，就不可能使客户产生惊喜。而如果这个意料之中的产品或者服务产生任何小问题，都有可能引起客户的不满和抱怨。

从客户需要的变化来看，随着社会经济的不断发展，人们物质文化生活水平的不断提高，客户需要的重点已由物质需要转变为精神需要，由理性需要发展到感性需要，客户充分展示自我的个性化需求已成趋势，这些都为实现客户惊喜提供了广阔的天地，因此深入研究惊喜效应在营销领域的作用就具有极为重要的现实意义。

2012 年圣诞夜，新加坡航空 268 名乘客到达菲律宾国际机场。在取行李时，惊奇地发现，传送带上传来很多圣诞礼盒，并且每个礼盒上都写着乘客的姓名。对此，新加坡航空表示，此举是为了让他们的会员享受一份圣诞惊喜。新加坡航空公司的这个举措确实也给每一位乘客带来了惊喜，乘客纷纷对航空公司的人性化服务称赞不已。

这就是现阶段企业竞争的真实写照，对航空公司来说，在旅途中提供舒适的硬件设施、优质的服务，这些只能算是最为基本的标准，而且几乎是每家航空公司都能做到的。这么多航空公司在竞争，凭什么让客户只坐你们家的飞机呢？这就需要航空公司把目光从满足客户需求转到给客户提供惊喜上面，惊喜到了，便能轻松得到客户的忠诚。企业只要把问题思考到这一层面，就能真正做好营销。

今天，许多公司已经开始意识到，仅仅使客户满意是不够的，还必须使客户惊喜。就连世界 500 强企业都在告诉自己的员工：“我们不应该简单地满足客户所期望的，还应该超过他们的期望而使他们惊喜！”

一份果盘对企业营销智慧的终极考验

快到元旦了，我打算请公司几位长期合作的客户吃饭，就把他们带到一家我常去的酒店。之所以选择在这里，主要是这家酒店无论菜品，还是环境、服务都很不错。而更为重要的是，在这里就餐，客人会感觉很有面子，很“爽”。

其实，这家酒店也没有做什么特别或者夸张的服务。现在一些饭店为了吸引客户，会搞什么皇家规格，让服务员穿上古代宫女、总管的衣服，把客人当作皇帝一样服侍。可这家酒店不同，它并没有这样的噱头，却总是让客户觉得好。但是，如果我们仔细体会就能发现，他们的好全都在细节上。

比如在埋单时，服务员会这样说：“李先生，您可是我们的贵客，您每次带的朋友都是有身份的人，感谢您在我们这里消费，我代表酒店赠送您一个果盘，以后凡是跟您来这里就餐的客人，同样都会享受一份特别的果盘，同时我们还会提供最好的服务。”

你听过之后是什么感觉？是不是很“爽”？

虽然只是一个小小的果盘，但让我感觉这家饭店很用心，服务员说出来的话总是让我觉得很有面子。所以，以后我每次请客吃饭，都要到这里。

然而，大多数餐饮企业都没有这样的智慧，虽然他们也送果盘，但总被客人挑三拣四：“这个果盘也太小了吧？水果切这么薄，你们真抠门，下次不来你们这儿了！”果盘送出去，非但没有增加客户好感，反而造成了不满，这老板也太冤了！

其实，这也是很多企业在营销方面面临的共同问题：习惯模仿别人，试图通过增加成本的方式来击败对手。这样的营销只是为做而做，完全不懂原理，结果往往事与愿违。

更有甚者，连形式都没学到位。比如，最近在我的住处附近开了一家超市，据说是国内连锁品牌，在开业的前几天，我都在这家超市购物，因为里面的东西十分齐全，而且服务十分周到，遇到的工作人员都会向你微笑问好，所以在开业的前几天里，这家超市的人气非常高。

可随后的几次购物，开始让人越来越“不爽”。

说起来都是一些小细节。首先是超市放的音乐，不知道从哪里搞来的摇滚乐，声音开得很大，而且不断重复，每次来都能听到，让人在购物的时候感觉很吵闹。

其次是找零钱。每次非要给你找几分钱，超市既不能多收消费者钱，也不想抹掉零头，坚持分角不差，让人无可奈何。

原本这家超市的地段选得很不错，在商品种类上也具有竞争力，但就是这样一些小的细节没有做好，让很多顾客产生不满。

除这家超市外，有很多中小型的商店，虽然货物种类没有超市那么齐全，但我每次宁愿放弃选择权，也不想再去那里面受折磨。

当下，营销已经充斥我们生活的方方面面，消费者在接收过多的商业营销行为之后，对这种纯商业营销产生麻木反感，甚至厌恶。这也导致了现在很多营销越来越成为一种“无用功”，不仅耗费了大量的金钱，还折损了企业的品牌形象，使得企业发展受阻。

● **营销就是给客户创造惊喜的高峰体验**

学营销要学内涵，而不是表象，靠模仿是学不会营销的。我常说，本质千古不变，技巧因人而异。看到人家送果盘你也送，别人送得好，客户买账，而你未必能达到这样的效果。

我在邢台讲课的时候，听说邢台有一个金牛大酒店，服务非常到位，我就特意在那边订了房间，晚上回到房间，发现桌子上放着一个小卡片，上面写着“欢迎您入住本酒店”等一些比较温馨的话语和提示。

说实话，当我看到这些的时候，感觉还是挺普通的，大多数酒店都会做类似的事情。

但是到了第二天，情况就有点不同了。

当我回到房间，看到桌子上放着一瓶冰糖雪梨和一盒金嗓子喉宝，下面还放着一张小卡片：

尊敬的李教授：

听说您这两天要在邢台讲课，冰糖雪梨和金嗓子喉宝对您的嗓子会很好，会对您很有帮助的，希望您今天好好休息，明天能用最佳状态讲课。

当我看完这些，感觉就不一样了，觉得他们的酒店服务还真是不错的。而正在这时，门铃忽然响起：

“李教授您好，我是酒店的经理，我可以进来吗？”

我打开房门，酒店经理站在门口，笑着对我说：“李老师，我们员工刚才收拾房间的时候，发现您衣橱中有一件白衬衣有点褶皱，想给您熨一下，但是没有经过您的同意，我们的员工没有做。现在，我帮您熨一下好吗？”

我说：“好啊，谢谢你！”其实，这个时候，我的心里已经有点被感动了。

之后的每次吃饭，不管我在哪里，总是有一张小卡片上面写一些温馨的话或者小提示；只要我一出房间，总是有一个人给我指引，应该往哪里走。

在最后一天的早上，我去餐厅吃饭，他们的经理找到我，递给我一袋水果，里面还是有一张小卡片，上面写着：

“尊敬的李教授，这几天您讲课非常辛苦，水果是我们的朋友，对我们的身体非常有好处。您今天要回北京，这些水果是给您路上吃的。今天北京的温度是 1 ~ 10℃，请您斟酌穿衣。”

这就是他们的服务。你说，我下次去邢台的时候有理由不再去这里吗？

当我接到第一张卡片的时候没什么感觉，接到第二张卡片的时候还是没有特别大的感触，自己还在想，一般的酒店都是这个样子的，也就是这两张卡片了，它还能玩出什么花样来？但是，酒店的服务一次又一次超出我的预期之后，我就被打动了，下次来的时候必然会回到这里。

我的这个亲身经历再一次印证了我所说的：征服一个人的心，有时候并不需要我们做很多事情或者花多少钱，很多时候只是一个小细节而已。在那一瞬间他的心被触动了，就会产生忠诚。当然更多的时候是要我们努力发现，并用心做事，真心服务的。

就像我在前面提到的那家酒店。记得有一次我有点感冒，进门的时候咳嗽了一下，被细心的服务员观察到，随后在上菜时，服务员特意多为我上了一碗热姜汤，碗底下压着一张纸字条，上面这样写道："尊敬的李维先生，最近天气转凉，请注意防寒，祝您身体健康，用餐愉快。"

一句简单的话、一碗普通的姜汤，却让我感动了很久。如果我请客不在他们家消费，连我自己的良心都会过意不去。即使你心里清楚他们更多是为了商业利益，也会不由自主地跟着他们走，甘愿掏出自己的钱包。这样的营销手段才是最为高明的。

对企业而言，一份果盘只是一个吸引客户的营销工具，有人用得好，有人用得不好。怎样通过动用一种本不起眼的营销工具给客户带来不一样的惊喜体验，这才是关键。企业应该多多思考，从微小细节入手，给客户带来惊喜。

昂贵的星巴克带来的惊喜效应

我们都知道一个产品，面对众多的竞争者，它在中国的市场价比美国的足足贵了1/3，却依然在国内市场大受欢迎。它就是由于央视的曝光而卷入“暴利门”的星巴克。

从人类开始饮用咖啡至今已有700多年的历史。跨入21世纪后，中国经济的飞速增长，人们生活质量的不断提高，饮品日益多样化，咖啡也逐渐与时尚、现代生活、小资等词汇联系在了一起，而人们对时尚的追求也带动了咖啡消费量的迅猛增加，从而形成巨大的潜在消费市场。

在这个市场中，消费形成了不小的差异。就拿一杯咖啡来说，去商店买一袋速溶咖啡自己冲泡，只须花费1元左右。在普通的餐饮店点一杯咖啡，需要10元左右。而在星巴克，每杯咖啡要消费30元左右。

更让人大跌眼镜的是，看似有利于消费者的曝光，不但没能得到大家的响应，反而招致几乎一边倒的批评。

为什么人们如此拥护星巴克？到底星巴克给消费者下了什么样

的“迷魂药”？

● **星巴克式体验**

“我不在办公室，就在星巴克；我不在星巴克，就在去星巴克的路上。”

星巴克的这句经典广告语为绝大多数时尚小资所熟知。

不可否认，星巴克的广告无论台词设计还是画面的表现力，都十分吸引人。但是，星巴克能够成功的真正奥秘，不仅仅在它的宣传上，而在与它相关的所有事物上。

来到星巴克店外，你不得不感叹那种美妙的融合感。无论在繁华的闹市，还是古色古香的小巷，星巴克的存在总是那么“原汁原味”。它不仅彰显了自己独特的咖啡文化，同时，也保留了周遭的建筑风格，不至于让自己的存在显得那么格格不入。

为了更好地占据中国市场，让星巴克内外很好地融合中西方文化，星巴克专门在美国总部组建了一支专业的建筑设计团队，他们在设计每个门店的时候，都用数码相机把店址内景和周围环境拍下来，照片传到美国总部。总部的设计团队会依据当地的建筑特色，去思考如何把星巴克融入其中。这样一来，星巴克的每一家店，在品牌统一的基础上，又最大限度地发挥了个性特色。

单在上海的星巴克，就有好几种风格任你选择：位于城隍庙商场的星巴克，外观就像一座现代化的庙宇；濒临黄浦江的滨江分店，则表现为花园玻璃帷幕和宫殿般的华丽。

从走进星巴克门店的那一刻起，你就会被一种神奇的氛围包围，处处都能感受到惊喜。从墙的颜色到上面的装饰物，随处可见的艺术品，散发着朦胧感的暖色灯光，就连随意摆放的棕色沙发和咖啡桌都透着一股“美国范儿”。再配上煮咖啡的刺刺声、敲击过滤器的当当声、金属勺舀咖啡的沙沙声，还有大厅里优雅的轻音乐，让人感觉，好像走进不一样的世界。当然，星巴克的咖啡也是最正宗的——产地正宗的咖啡豆，最正宗的煮法。

夜晚时分，坐在一家星巴克内，透过巨大的玻璃窗，看着霓虹闪烁、流光溢彩的街头，轻轻啜饮一口味道纯正的咖啡，这是一种多么“雅皮”的体验。

“我们的店就是最好的广告。”星巴克的经营者们这样说。

据了解，星巴克很少在大众媒体上花钱做广告。在他们看来，服务业最重要的行销管道是分店本身，而不是广告。对此我十分认同，如果一家公司提供的产品与服务不够好，做再多的广告把客人吸引来，也只是让他们看到负面的形象。

星巴克从不愿花费庞大的资金做广告与促销，但坚持每一位员工都拥有最专业的知识与最热忱的服务，不仅可以对顾客详细解说每一种咖啡产品的特性，还能通过一对一服务的方式，赢得顾客的信任与口碑。

星巴克注重“Oneata time”（当下体验）的观念，强调在工作、生活及休闲娱乐中，用心经营“当下”这一次的生活体验。而“认真对待每一位顾客，一次只烹调顾客那一杯咖啡”，正是星巴克快速崛起的秘诀。

在星巴克成功的背后，一些有悖常理的现象值得我们深思：一些看似普通的消费品，原来也可以卖得很贵，一件成本不足一元钱的产品，售价十几元或几十元，在消费者看来价格未必就“高”。

当然，消费者并没有我们想象中那么好“忽悠”。他们精打细算，货比三家，看似对成本很关注。但是，在一些精明的商家面前，消费者的这种理性全然不在了，他们的大脑常常被精明的商家所支配，从而陷入非理性的消费中。

其实，你所面对的消费者是理性的还是非理性的，全看商家用什么样的营销手法——你是想将惊喜带给顾客，还是想尽办法推销你的产品？

而前者正是星巴克所做的。

● 设计体验点带来惊喜效应

即使昂贵、暴利，星巴克依然是时尚小资的选择，这源于星巴克的体验点设计。星巴克善于通过打造体验点给客户带来惊喜。

星巴克的咖啡厅，就是顾客体验点的承载物，从顾客来到门口——进门——消费——出门，所看到的、听到的、闻到的、体会到的，都在刺激着客户的神经。任何一个微不足道的事物，都有可能是刻意安排的邂逅，每一处都在为星巴克加分，最后的目的是突破客户心理期望，达到惊喜的高峰。

惊喜的客户最容易产生忠诚，从而对品牌和产品存在一种近乎盲目的喜爱，对价格变得极不敏感。他们不但掏腰包购买，甚至还是一个免费的推销员，在他的朋友圈中极力推广。如果企业拥有这样一批消费者，想做倒闭都难！

细心的朋友一定能够发现，无论星巴克、苹果还是汽车领域的宝马，都在一定程度上采用了体验点设计的方式。苹果的体验店、宝马的4S店，可以说这些耳熟能详的外国品牌之所以能够在国内市场获得巨大的成功，这些店铺是很大的功臣，它们的存在就像一面墙，在市场中隔绝出一片蓝海。

不同胜过更好，是品牌建立的核心，其逻辑就是惊喜效应。

在我们的大脑中咖啡店都是一样的，今天我来到这家店喝咖啡，我的期望值就和平时去别家的一样。但是，来到这家店以后，我发现一次不一样，两次不一样……每次都能超越我的期望，于是就产生了惊喜效应，而惊喜的最终结果就是忠诚。

如今，越来越多的国内行业和企业也开始运用类似的手法进行营销，例如房地产行业。如果你有过买房子的经历，你就会深有体会：售楼人员将你带进一间装修精美的样板房，宽敞明亮的客厅里面摆放着温暖舒适的沙发床、高清大气的液晶电视、精美靓丽的花瓶……

所有的一切都让人眼前一亮，倍感温馨，不禁感叹：哇！这个房子这么漂亮，真有家的感觉！不用售楼人员的有意引导，客户都会情不自禁地设想以后住在这里的美好。

过去我们买房，都是看图，几单元，几层，几平方米，户型是什么样子的，买的是一个平面图，一个没有色彩的、冷冰冰的钢筋混凝土建筑。而样板房造成的视觉冲击效果，给客户带来了极大的惊喜感。

其实，样板房为什么叫样板你还不理解吗？同我们在逛街时看到放在店铺橱窗内的服装是一样的，就是给你带来惊喜，让你眼前一亮。

样板房用料品牌、规格自然没的挑，装修标准严格，注意各个细节与角落，力争把房子最好的面全部展现出来，开发商为保证样板房的整体视觉效果，往往不考虑装饰成本。样板房再漂亮，那是不惜重金装饰的，但花这样的钱最有效果。

归根结底，人们买楼是为什么？为了追求一个家，房子和家是两个不同的概念！如果企业只会提供楼盘、图纸，就是一个卖楼的，你的生意会受很多无法预计的因素影响，比如国家政策、市场导向、周边环境等，如果你是一家向客户提供美好生活的企业，你在客户心中就是理想家园的缔造者，无论你走到哪里都有忠实的追随者，这就是差距！

星巴克就是这样。它暴利，成本几元的咖啡卖30元。可是，人们就愿意掏腰包。因为，星巴克能给前来消费的顾客带来不一样的体验。来这里喝咖啡的人，更多的是来享受的。星巴克在中国营造的是中产阶级的小资梦。它的惊喜效应为其带来了暴利。

学会在营销中运用体验点，让客户的眼、耳、鼻、舌、身都充分参与到体验中来，让每个体验点都给客户带来惊喜感，最终将客户的关注焦点从价格转移到体验中来。如此一来，昂贵的价格就不会再成为营销的劣势点，反而会成为客户心中为获取惊喜体验所必须支付的成本。

"学不会"的海底捞营销

2004 年 7 月，海底捞火锅进军北京，至此开始了一场对传统标准化、单一化服务的颠覆革命。2011 年，海底捞全年的营业净利润高达 2.9 亿元，这相当于 2.24 个全聚德。

是什么原因让海底捞成为中国餐饮业的新生力量呢?

有一本书叫《海底捞你学不会》，讲的是海底捞在管理上的创新和独到之处。而在我看来，其实在营销领域海底捞也有很多其他人学不会的秘密。

● "学不会"的海底捞营销

我去海底捞吃过火锅，它确实与众不同。

我们从最初的预约订餐说起。

通常情况下，我们吃饭预订座位，打个电话交代信息确认情况就可以了。可海底捞不一样，它会给预约的客户发预订成功的提示短信。不仅有这个，海底捞还会把顾客所预订的那家火锅店的路线图发过去，让顾客还没有去吃饭就感觉到海底捞的不一样。

自从海底捞的名声打响后，海底捞每天都是爆满。来晚的顾客自然要排队等候，这也构成了海底捞用餐的一大特色——等待的人数几乎与就餐的人数相同。用餐没有空座，需要等待，很多餐厅在就餐高峰期会遇到这种情况。我们常常见到的是，餐厅为了方便等待用餐的顾客，在门口会放几把椅子。海底捞也这样，可是，它并不是放几把椅子那么简单。在海底捞等待用餐的顾客，在等候的过程中可以吃水果、喝饮料、上网、玩棋牌、做足疗、做美甲，充分让顾客在等候的时候有事可做，并且还是很享受的事情，而海底捞提供的这些服务竟然还是免费的！很多前来吃饭的顾客都愿意排队做美甲。而如果你在排队等候做美甲的过程中开始吃饭了，海底捞会在你就餐完毕之后，再接着给你做美甲。这样的服务可是在其他火锅店享受不到的。

同时，为了方便带孩子的顾客，海底捞还有小孩子玩的地方。这些不同，足以让海底捞吸引大批的顾客前往。没有空座，我也乐得等待。

有人就十分惊奇，这不就是个火锅店吗，怎么还搞这些，不会赔钱吗？

去过海底捞的朋友都知道，一般海底捞的店面都很大，如果把每个店供顾客休息的地方都摆上桌子，顾客也许就不用等了。可是，海底捞并不这样做，这也正是海底捞得以成功的秘诀之一。

为了给顾客惊喜，海底捞的店面就是故意设计成这样的。在我们的观念中，排队等待原本是一个痛苦的过程，而海底捞却把这个痛苦的过程变成了一种愉悦，让顾客从中体会到不一样的感觉，从而超越了心理预期，产生惊喜。

除了在等待中给客户带来惊喜之感外，海底捞在服务上面也下了功夫。

顾客就座后，海底捞的服务员会送上热毛巾，每 15 分钟就会更换一次；戴眼镜的客户会因为火锅的热气模糊镜片，海底捞的服务员会马上送上干净的眼镜布；顾客就餐完毕之后，服务员会送上薄荷糖；顾客走时，可以把喜欢的零食带走……

海底捞的这些细节不断给顾客带来惊喜的感觉，自然会吸引顾客不断光顾海底捞，也甘愿充当推销员，向自己的亲戚、朋友们推荐。

海底捞火了之后，有很多的饭店模仿它。惊喜效应的递减规律也告诉我们，当一种行为被别人模仿或者反复出现，这种行为带来的惊喜感就会逐渐降低，直到消失。

海底捞自然也明白这一点。因此，为了持续不断地带给顾客惊喜，海底捞不断在服务的内容上加以创新。比如海底捞后来推出，顾客在等候时可以叠纸鹤，一只纸鹤能够抵销 0.5 元，叠得越多越省钱。这对顾客的吸引力十分巨大，顾客们比赛似的叠纸鹤，既好玩又省钱，同时又消磨了等待的时间。这怎能不让顾客惊喜？

不断变化是海底捞能够持续成功的关键，如果海底捞总玩那么几招，大家的惊喜感就会越来越低，最后不买账了。

● 站在顾客角度，带来更好的惊喜

一家企业经常收到客户的投诉，企业便决定设立一个电话投诉中心，为此需要招一批新员工。在你看来，这家企业需要招聘什么样的员工才能胜任这个工作呢？

大部分人都说一定要口才好的，善于沟通交流，这样才更能说服客户。但恰恰相反，这家公司在招聘员工时，专门挑选了一批内向、不善于交流的人做这个工作。结果反响很不错，投诉化解率很高。

为什么会出现这种情况？

客户投诉时，大多是怀着情绪而来，甚至有的客户因为私事，心情不好也来抱怨一番，他们更需要发泄而不是和你辩论或是听你讲道理。因此，在处理客户投诉这个问题上，员工不见得要有多好的口才、多高的善辩能力，而是要化解客户的情绪。内向、不善交流的人就要比口才好、善于沟通交流的人合适得多。

我再举一个例子。以前，中国的护肤用品市场一直是女性产品的天下，而男性产品长期处于一种尴尬的地位。很多公司都曾尝试进军男性市场，结果惨败而归。因此便得出结论：中国的男人并不注意自己的皮肤问题，想要打开这个市场，需要进行长期、广泛的宣传，需要投入大量的资金和时间。

可是，现实真的是这样吗？显然不是。

巴黎欧莱雅男性护肤用品登陆中国后，开始进行大量的市场调查。他们发现，很多男性都比较关注自己的皮肤问题，甚至一些人会偷偷用自己老妈的护肤品，原来阻碍男性护肤用品发展的不是中国男人不注重皮肤问题，而是大男子心态。外国男人使用化妆品是希望让自己更有吸引力、更有魅力，可是中国男性却认为那是娘娘腔的做法。

了解到中国男性的想法之后，巴黎欧莱雅便邀请在当时最具有男性自信魅力的偶像吴彦祖来做代言，并提出很多男性护肤的新概念，成功地将护肤与阳刚之美联系到一起。结果产品投入市场不到一年的时间，巴黎欧莱雅的产品已经位居中国男性护肤品领导者的地位。

这是一个典型的通过掌握顾客思维获得市场的案例，也是当今市场营销的一例典范。

传统的企业思维已经不符合现代市场的要求。企业要想有所作为，给消费者带来惊喜，一定要改变一切以企业为中心的思考方式，转而站在消费者的立场去发掘对方的潜在需求，这样才能真正做到惊喜营销。

其实，海底捞的每个创新并没有耗费企业大量的资源，也没有搞多么惊心动魄的活动和宣传。它的成功就在于每样创新都是站在顾客的角度出发。也许是一杯水、一片眼镜布、一块热毛巾，但能够使顾客在平凡的体验中得到惊喜和乐趣。打造全方位无缝隙的惊喜体验，并非一件简单的事，但这也正是成功营销背后的魔力所在。

博彩业火爆背后的惊喜效应

如今的市场，竞争越发激烈，确保消费者的忠诚度，一直是企业投入的主要阵地。但是，面对越来越“刁”的消费群体，企业开始显得乏力，大量的资金投入产品、服务、宣传等领域，往往收效甚微。

然而有一个行业，既没有生产有价值的产品，也没有提供舒适的服务，更不用每天疲劳轰炸式的广告，却是中国发展最快、销售最广、最赚钱的行业，它就是博彩业。

其实，在生活中，我们会发现，无论走在哪里，彩票投注站的影子总是随处可见。

深究博彩业背后的火爆，同样会发现惊喜效应的身影。

● 彩票营销的高明手段——惊喜

有一个非常重要的问题：我们是否能通过彩票改变命运呢？

有人统计，市场上常见的双色球中奖概率大概是1700万分之一，体彩36选7的中奖概率大概是800多万分之一。难怪有人说，中双色球头奖的概率跟被雷劈的概率差不多。而在精明的经济学家看来，买彩票其实是在为你的愚蠢交税。

既然中奖概率那么低，为什么人们还要如此踊跃地购买呢？

答案是：买彩票中奖符合人的心理。

懒惰是人的天性，我们每一个人或多或少都有着不劳而获的心理。如果你事先得知买哪几组号码会中大奖，你会干坐在那里不行动吗？我想没有谁能忍得住，因为人人都想天上掉馅饼，然后砸到自己。而彩票恰恰抓住了人的这种心理。投资一点钱，享福一辈子，不犯法又不违背道德，自然有很多人去做。

买彩票能够给人带来惊喜，这也是彩票营销的高明手段，甚至它不采取任何行动，就能因为本身具有的惊喜特性，吸引客户上门。

前去投注站买彩票的人，心里都有一个期待："万一，我中了呢？"有不少人，在彩票还没有开奖的时候，就在心里不断地想："如果我中了1000万怎么办？"然后，由此生发出中了1000万要怎么办的种种想法。这是光想想就让人备感惊喜的事情。

买彩票不外乎有两种结果：一是中奖，一是没中奖。其实，大部分前去买彩票的人都存在盲目性。他们心里很清楚，中奖的概率低，中大奖的概率更低。很多人都是抱着碰运气的心理去的，自己的心理预期也就比较低，能中固然很好，不中也是正常现象。而正是中彩票的低概率带来的不确定性加大了彩票带来的惊喜，以至于最后中五元十元，都会很开心。而如果中了成千上万元，自然便会惊喜万分。

我接触过一个人，也可以算是彩票迷，他没事时就爱往彩票投注站跑。多年来，只中过小奖，没中过大奖。身边的人就问他：“买彩票中奖概率那么低，你至于花钱打水漂吗？”他呵呵一笑：“买着玩呢！万一中了呢？”其实，买彩票的很多人都抱着同他一样的心理，买着玩，万一中了，不管大小，都是挺惊喜的事情。

● **加深印象，带来惊喜效应**

我们会在电视上看到，××中奖的新闻。画面是一个人捧着巨额的大支票，然后记者会问他：“你想怎么花掉这么大一笔钱呢？”

然后，我们就听中奖者对自己今后的人生畅所欲言，买房、买车、开公司、环游世界。这里的每一点都是我们每个人所期待的幸福人生。

但是，我们却忽略了一个问题：为什么媒体却从没采访过那些没中奖的人呢？

如果媒体每采访一个中头奖的人，又采访剩下所有输了的人。那么，按照双色球1700万分之一的中奖概率，我们每看到一个中奖者时，就会看到1700万张沮丧的面孔。这个时候，你的大脑就会接收大量的负面信息：“原来中奖那么难！”那么你的潜意识就会认为中奖的概率是微乎其微的，从而不对中奖抱有希望，继而也不会花钱买彩票。

所以，彩票投注站上要贴着“恭喜××买××中多少元大奖”，而不是写着几天多少人买了彩票，多少人一分钱没有中。

给顾客留下好印象，才能让他们购买，这是营销秘诀。

对事物的印象往往影响着人的行为，并且常常是非理性的，这也是为什么有那么多人热衷于买彩票甚至去赌博。因为买彩票可以中大奖，赌博可以一夜暴富。这样的印象太深刻了。

基于人们的这种心理，心理学家展开了一系列研究，其中有一项实验，列出四幅图片，分别是“9·11”恐怖袭击撞毁的大楼、坠落摔毁的飞机、地震倒塌的房屋、明亮干净的游泳池，然后让受访者挑选哪幅图片代表着危险。

大多数人都选择了前三张，认为这三个场景是最危险的。事实上，游泳池才是最危险的地方。因为，每年在游泳池溺亡的人数比恐怖袭击、坠机和地震死亡的人数加起来还要多。

为什么人们会做出这样的选择呢？因为溺水死亡在我们头脑中的印象不深，从而使我们大大低估了它的危险性。

想想在日常生活中，你什么时候在报纸的头版上关注过有人死于溺水的新闻？这条新闻非常无趣，它太常见了。即使有，我们也不关注，即使看到了，也不会有深刻的印象。可是，我们却经常能想起在电视、报纸或网络上看到的：某架飞机失事无一人生还，或者强烈的地震造成的满目疮痍。我们之所以认为飞机失事、地震、恐怖袭击最危险，是因为它们的危害程度最大，在我们头脑中印象最深。可是，我们却忽略了一点，它们的发生概率可比溺水低太多了。

“报喜不报忧”，这是博彩业的宣传手段，也是其他企业使用的招数，为的就是加深客户的印象。让客户觉得不错，等到客户自己去体验的时候，果然挺好，从而产生惊喜。其实，这和房地产业的样板房差不多，就是要把最好的展现出来。不过买彩票还不一样。买房子，最后发现不好，上了当，会产生抱怨心理。可是，买彩票不是。宣传中谁中了大奖，是事实。最后，花了钱没有中，则是因为运气不好。人们不会迁怒于彩票本身，或者是彩票投注站的工作人员。只要一次中了，就会足够惊喜。一个中了大奖的人，就会成为很好的代言人，吸引更多的人对“买彩票中大奖”产生忠诚，坚定地买下去。

整个博彩业的发展，无论从运作机制上，还是从营销宣传手段上，其立足的基础都是发掘培养彩民的惊喜感。正是这种对惊喜的期待，掩盖了众多彩民的失望情绪，使他们义无反顾地投入其中，进而成就了博彩业的长盛不衰。

第四章 惊喜效应在销售中的应用

残酷的市场竞争使得不少企业举步维艰，销售陷入危机。对企业来说，要吸引客户，培养客户的忠诚，不仅仅是把产品或服务销售给客户那么简单，要学着让客户处在充满惊喜的过程中。

破译推动成交的销售密码

我们常常会看到这样两种不同的场景：一个顾客从店里走出来，很开心，走时也不忘同卖家打招呼；另一个顾客从店内走出来，脸色平静，走时也没有同卖家互动。

从这两个顾客不同的反应中，我们大致可以得出结论：第一个顾客购物很愉快，很容易对卖家忠诚；第二个顾客就很难对卖家产生忠诚。

现在做销售，成交的关键已经不是满足顾客的需求，而是在满足他们需求的同时，给他们制造惊喜。在顾客的选择范围之内，你制造的惊喜足以让顾客抛开其他一个模子刻出来的芸芸卖家而选择你。

比如，两家服装店同卖一个品牌一个款式的服装。

一家店的导购员这样介绍："这款服装材质独一无二，而且剪裁较为精细，价格也比较合理。"

另一家的导购员这样介绍："这款服装是我们店的新款，卖得很好，现在已经补货三次了。这件衣服的材质很好，因为是100%纯棉，透气、柔软、吸汗，穿在身上舒适、亲肤。并且，这件衣服的剪裁比较精细，款式简洁又不失品位，特别适合像您这样的人穿。衣服的价格也比较合理。看您是第一次到我们店里来，为了赚一个回头客，我们可以给您适当优惠点。”

对于这两种介绍，你会选择哪一家店？

相信大部分的人都会选择第二家，因为，第二家店有惊喜。

第一家导购员的产品介绍很笼统，“独一无二”“精细”“合理”，这些都是模糊的概念，没有惊喜而言。而第二家，产品介绍比较详细，充分从顾客角度出发，“新款”“销量”“透气”“柔软”“吸汗”“舒适”“亲肤”，让顾客觉得产品听起来不错。并且，在最后，“价格可以优惠”再一次让顾客觉得惊喜。

销售产品，并不是单纯地介绍就可以了，应该多开动脑筋，由产品到服务，从多方面入手，给顾客带来惊喜，推动成交。

● 制造惊喜要了解顾客需求

我们常说“顾客是上帝”，也以此为标准判断商家的好坏。其实，顾客不是上帝。

上帝是一个较为模糊的概念。虽然人人都知道，但是，我们都没有见过。我们无法揣摩上帝的心思，也不知道上帝想要什么。而不知道自己顾客想要什么的销售，是不能促成交易的。

因此，销售人员不能把顾客当成上帝来看，要让顾客回归到人的角色中。从人的角度揣摩他们的人性，读懂他们的人心。然后，才能在销售中制造惊喜。

一位女士到家具城给儿子买书桌和书柜。

销售员迎上前，热情地说："小姐，请问您需要什么？"

女士回答说："我想买套书桌和书柜，给……"

销售员不等女士说完，便指着一款说："您看，我们这套书桌和书柜比较典雅大方，特别符合您的气质。放在屋内，也显得特有品位。"

女士听销售员说完，笑着摇摇头，正要说什么，再一次被销售员打断了："其实，家具最能体现一个人的生活品质。看您衣着打扮就知道您平时非常注重生活品质，这样的书柜才配得上您。您仔细看，我们这个书柜采用的可是上乘的木材。并且，上面还有一层保护膜，会延长使用寿命。"

女士耐心地听销售员讲完，正想要表明自己是要买一套适合儿童的书桌和书柜时，又一次被销售员打断：

"小姐，如果您是介意这套家具的价格，我可以适当给您优惠，让你买这样一套家具回家不会后悔。"

女士听后，不想再说什么，便走了出去。

在这个案例中，销售员只是一味地介绍产品如何如何，却忘了探寻顾客的需求。最后，关于产品质量的解说和价格上面的优惠并没有给顾客带来惊喜感。

做销售，了解顾客的需求最为关键。只有了解了需求，才能提供给顾客真正想要的产品，然后在满足需求的同时，超越他们对产品和服务的预期，从而产生惊喜。

聪明的销售员，总能敏锐地捕捉到顾客的需求。并且，深入挖掘，给顾客制造出意想不到的惊喜。

● **惊喜便是让客户觉得占了便宜**

销售领域流行着这样一句话："客户不是要得到便宜，而是要觉得占到了便宜。"

说一个较为典型的例子。

去商场要买两斤饼干。售货员把装好的饼干放在秤上称，一种方式是不停地向秤上添，一种是不停地从秤上拿。对于这两种方式，你会觉得哪一种好？

很多人都会觉得第一种好。并且，售货员每添一点，就会增加一份惊喜，以为自己多得了一点。而第二种，我们很容易在售货员每拿下一点中，感觉自己吃亏，从而不高兴。虽然，事实上，最后买的都是两斤。

行为学研究表明，大多数普通消费者在购物时并不喜欢对商品的真实价格做深入研究，他们在讲价时并不是基于对商品或市场的了解，而是单纯喜欢得到便宜的感觉。在他们的心理上，更希望买些更便宜的物品。所以，大部分的消费者在购物时，喜欢"货比三家"，比品牌，比质量，比价格，以做出最优的选择。

对此，精明的商家总能找出理由卖出东西并让客户觉得占了便宜，从而产生惊喜。而如果，商家能够让顾客感觉，在占便宜的同时又得到了一件有价值感的东西，甚至得之不易，那么这个惊喜感就更大，更能促进成交。

美国有一对兄弟，人们称哥哥为大克里，弟弟为小克里。这两兄弟在一条繁华的街道旁开了一家服装店，周围竞争者很多，但他们的生意却十分红火，人们都喜欢到他们那里去。其实，并不是他们那里的服装款式多新颖、价格多便宜，而是兄弟俩有一套特殊的销售技巧。

每天，小克里会站在服装店的门口向路过的客人进行销售。而哥哥则坐在屋内收钱，兄弟两个分工合作。不过这兄弟俩的耳朵都有些“聋”，他们经常会听错彼此的谈话。

通常情况下，弟弟会在门外把顾客拉到店中，然后动用三寸不烂之舌向顾客反复介绍某件衣服是如何好，穿上后怎样舒适美观。

大多数顾客经不住小克里的言语诱惑，通常会穿在身上试一试，然后再有意无意地问：“这套衣服多少钱？”

这个时候，“耳聋”的弟弟把手放在耳朵上大声问客户：“你说什么？”

顾客看他这动作，知道他是个聋子，便又提高声音问一遍：“这衣服多少钱？”

小克里听清后，会说：“噢，原来你是问衣服多少钱呀！太不好意思了，我的听力不好。这件衣服的具体价格我也不太清楚，您稍等一下，我问一下老板。”

小克里会转过身对另一方的大克里大声喊道：“这套 ×× 牌的衣服卖多少钱呀？”

这时，耳朵也有些聋的大克里为了确认自己没有听错，会从座位上站起来，看看小克里旁边的顾客，然后再看看那套衣服，对小克里说：“那套呀，70 美元。”

小克里听不清哥哥的回答，会再问：“多少？”

哥哥为了方便弟弟听到，会提高声音再次喊：“70 美元。”让问价格的顾客也听得清清楚楚。

确认了价格之后，小克里会转过身来，微笑着对顾客说：“先生，这件衣服 40 美元一套。”

顾客一听，不是要 70 美元吗？果然是聋子。然后，省去在别家讨价还价的步骤，毫不犹豫地掏钱买下了这套物美价廉的衣服，而后就溜之大吉。

事实上，兄弟二人并不是真正的聋子，他们的听力很好。这只不过是两兄弟合力演的一出戏而已。两兄弟深知销售不是仅仅说服顾客来买就够了，而是要想办法让顾客从销售中获得占便宜的感觉，这是极为关键的一点。当然了，两兄弟采用这种方法经营得非常成功，赚了不少钱，他们店的衣服总是很快都卖完。

给顾客“小便宜”，让顾客占到“便宜”，常常会带给顾客惊喜。

我们在商场上，经常会看到大大小小的门店上贴着“店铺周年庆，全场 ×× 折”或者“庆 ×× 节日，全场 ×× 折”“买一送一”等的字样，以此吸引到顾客。事实上，这样的策略常常会吸引到大批顾客的光临，因为这可以“占到便宜”。

虽然每个顾客都有占便宜的心理，但是又都有一种“无功不受禄”的心理，聪明的商家就是配合顾客的这种心理，帮助顾客找理由，成功地使自己的商品成为市场上的“抢手货”。

● **惊喜在于戏剧化的销售中**

为了让顾客对购买的结果产生更多的惊喜感，有时候销售人员不得不化身为演艺家，亲自为顾客导演一出惊喜的好戏。

比如，做轮胎销售。一般的轮胎销售员会这样向顾客介绍产品说："您就请放心，我们公司的这种轮胎货真价实，保证持久耐用。"这样的介绍特别平淡，没有带入丝毫感情。在顾客眼中，这个轮胎没有特别之处，根本没办法提起他们的兴趣，让他们产生惊喜。

而聪明且具有丰富想象力的销售员会这样说："使用我们的轮胎您就不用担心。可以想象一下，此时您正带着家人以每小时 80 公里的速度快速行驶在郊区的大道上。这个时候，前方的道路突然出现一道道裂痕，上面还有石子，很是颠簸。想想看，如果您用的是普通轮胎，一定会经历剧烈的颠簸，不仅把您和您的家人颠得浑身骨头像散了架一般，还会把汽车上的螺栓摇晃得嘎吱乱响，如果路再坏一点，甚至会出现危险。但如果您用我们的轮胎，大可不必担心这个问题，因为我们的轮胎防震、持久耐用，再差的路都能安稳驶过。您只要把紧方向盘就会万事大吉。"

这样的介绍很生动，把顾客带入一种虚拟的危险环境中，让顾客产生联想。可能，本来顾客只是想买好一点的轮胎，至于具体要什么，心里并不清楚。而销售员的介绍，却超越了顾客对轮胎的预期，自然会很惊喜。

大多数的顾客都喜欢听生动有趣的故事，为此我们在销售时，可以制造出一个含有人物情节的故事，并让你的产品充当故事的主角，这很能激发客户的想象，加强客户的惊喜感。

有时候，销售人员就是演员，客户就是观众，我们要学会用自己的专业知识和语言为客户的好奇心铺平道路，激发他们的想象空间，这样顾客对于成交后的惊喜感会更加强烈。

惊喜可以运用到销售的方方面面，从产品介绍到服务、与顾客的沟通，甚至销售员的专业、热情，穿衣打扮，这些都可以给顾客带来惊喜，从而推动成交。我们所要做的，就是不局限于传统的销售技巧，而要学着在销售的每一个环节，甚至销售结束之后，让顾客沉浸在惊喜中。

“秘密协议”让销售充满惊喜

很多人在购物时喜欢“砍价”，除非卖家降价才愿意购买。一些精明的卖家遇到这种情况后，通常会告诉砍价的顾客一个秘密：“就快下班了，我不赚钱卖你就是了。可是，千万别让我们店长知道”。“算了，我就按进货的价格给你，你可不要和别人说是这个价钱买的。”“今天你是第一单生意，给你算便宜点，图个吉利吧。”……然后在价格上做些小让步，实现成交。

销售员私底下同顾客达成协议，这种“秘密协议”常常让顾客产生惊喜，从而加速购买。其实，当我们自以为独享低廉的价格满载而归时，卖家早就在店里庆祝自己的又一笔生意了。

● 临出门前的“惊喜”

一次，我到法派专营店去买西装。

我挑选了一会儿，最后指着一套比较中意的西装问导购员：“这套西装多少钱？”

导购员热情地说：“先生，您真有眼光，这是今天的新款，6000 块钱一套。”

这个价格我能接受，但是，在求廉心理下，我还是问导购员："这不可以打折吗？"

导购员歉意地笑笑说："不好意思，先生。我们这是全国统一价，是不给打折的。"

听导购员这样说，我也不再要求："那好吧，就这一件了，你帮我包起来吧。"

我付了钱，接过导购员递过来的袋子，便往外走。正当我快要走出去的时候，这家店的店长把我叫住了："先生，请您等一下。"

我以为还有什么事情，便止住了脚步。

这家店的店长微笑地走到我的身边，对我说："先生，您能来我们这里买衣服，说明您是一个很有品位的人。我相信，在您的身边也有很多像您这样有品位的人，希望您回去的时候，能多向身边的朋友宣传一下我们的法派西装。为了表示对您的感谢，我们店送您一套价值 1680 元的衬衣，正好可以配您刚买的这套西装。"

我本来就要走了，却在临出门的时候收到了一套不便宜的衬衣，可以想象，我当时的惊喜。

就在那天晚上，我在同朋友吃饭的时候，便热情地充当起法派西装的销售员："以后你们要是买西装，就去法派吧。那里的衣服质量不错，款式也好看。而且，里面的店员服务也很贴心……"总之，在一套衬衣的"收买"下，我成为法派西装忠实的"宣传员"。

不久之后，我的一个朋友就光顾了法派。朋友接受的销售流程同我的一样，同样是在快要离开的时候，被店长叫住了："先生，听说您是经过别人的介绍才来我们这里买衣服的。"

朋友点头说："是的，是李教授推荐我来的。"

店长听后便说："李教授是我们的老顾客。为了感谢您对我们的支持，我们送您一套 1680 元的衬衣，希望您能向身边的朋友推荐我们的西装。"

我的这位朋友，同我当时一样，很是惊喜。回来之后，也热心地给法派做起宣传来。

法派西装的推销策略，就是我要讲的"秘密协议"。很多推销员都善于利用"秘密协议"给顾客带来惊喜。在顾客临出门的时候，"私底下"给顾客不一样的优惠，让顾客感觉自己很特殊，进而产生惊喜。

事实证明，临出门的"让步"能够带给我们很大的惊喜。假如，我在一开始问西装价格的时候，导购员就告诉我会送我一套价值 1680 元的衬衣，我在产生惊喜的同时，会对西装的价格产生怀疑，并怀疑西装的质量，进而降低甚至抵消我的惊喜感。可是，我付了钱，即将走出去，再被赠送衬衫，就是完全不同的情况了。

还有一次，我在外地参加一个重要的会议，临时没有合适的衣服，便在当地找了一家西装店。印象中那是一家十分普通的店，没有什么独特的地方。

在店员的热情推荐下，我找到一款还算合身的西装。一看价格，5000 元。说实话，这个价格对于这个牌子的西装有点贵。

于是，我便问她："这件西装能不能打折？"

导购员回答我说："对不起，我们店里是不能打折的。"

我有点遗憾，感觉不太值，便将衣服交给导购准备离开这家店。可是，同样是我在即将踏出店门的那一刻，导购叫住了我："这位先生，如果您很想买这件衣服的话，我可以想办法给您便宜点。"

我听到后转过身问："不是不能打折吗？"

导购员说道："我们店是这样规定的。不过，上次有位常客在我们店消费把 VIP 卡落下了。如果用这个卡可以打八五折。"

我心里算了一下，便宜了 700 多元，感觉挺好，便说："八五折的话还可以。"

导购员很真诚地看着我说："我见您第一次光顾我们店，不想让您失望而归，便私自用了这张卡，您可千万不要告诉别人啊。"

我对她说："你放心吧，我不会说的。"

交完款拿上衣服，我感觉捡到一个大便宜，心里很惊喜，回去还和不少朋友分享了这个经历，都忘了要帮导购保密的事情。

我后来也经常遇到这种情况，买东西时被卖家私底下告诉"我给你的可是最低优惠，千万不要和被人说""因为您是常客，我可以偷偷给您优惠一点"。同销售员私下达成的协议，让我感觉自己受到了特别的待遇。既然对方把我当作特别的顾客，那么这个店和他的产品、员工在我心中的印象一下子就从众多普通的店中脱颖而出。

● **"秘密协议"要合情合理**

对于卖家来说，巧妙地同买家签订"秘密协议"是制造惊喜的一个很好手段，很容易让顾客觉得自己占到了便宜。如果这协议签订得好，很容易会为自己培养忠实的顾客。这些顾客都是免费的产品推销员。

不过，我们在同顾客签订“秘密协议”的时候，要合情合理。顾客很精明，他能一眼识穿你的计谋。如果你的理由不合理，不仅不能促成交易，反而会在顾客心中留下不好的印象，让顾客不再登门。比如，如果那个导购员只是对我说可以打八五折，而不说明理由，我心里肯定觉得她是看我要走了，为了挽留我才说的打折。而且，我会认定这件衣服是可以打折的，她故意说不可以，只是因为我第一次购买，不知道实情。这样，这位导购员就存在欺骗行为。你说，我还会登门吗？

情况就是这样，消费者购物希望能占到便宜，同时更希望自己的这个便宜占得合情合理，这样才会觉得惊喜。说一个大家都有的体会。我们去买东西，同卖家讨价还价。卖家出了一个价，我们不满意，又还了一个价。这个时候，如果卖家一口应了我们的期待，你会有什么样的感受？相信大部分的人都会觉得自己的价还可以再低点，这样不仅不会产生惊喜，反而会后悔购买。

同样的道理，我们在同顾客达成“秘密协议”的时候，一定要让顾客感觉自己是赚到了，这样才能营造出惊喜感。

打折促销降低了惊喜感

我所居住的地方有家大卖场，卖场的二楼是电器城，经常会做促销活动。可是，实际效果却不是很理想。

近几年，很多行业会陷入价格大战的旋涡中，希望通过“永远比竞争对手便宜”的策略吸引消费者，以提高产品的销量。在激烈的商品竞争中，降价出售可谓是最直接、最快捷、杀伤力较为强大的竞争武器。然而，降价策略也是一把锋利的双刃剑，正所“杀敌一万自损三千”。尤其对一些高端品牌来说，盲目降价无疑是一种自杀行为。虽然，高端产品的降价会让消费者“惊喜”，但同时也会产生一些误解。

● 惊喜不成麻烦在——商品降价引起误解

降价和打折，是销售中常见的把戏。因为消费者的求廉和占便宜的心理需求，这种把戏常常会奏效。通常情况下，销售员会告诉你这个东西之前非常贵，现在做活动或者回馈新老客户，正在打折，过几天价格就会上去了。销售员轻描淡写的几句话立马就显得这个产品很值，你买了绝不后悔！

价格上的打折促销能够给消费者带来很大的惊喜，从而促使消费者购买，短期内便可提高产品的销量。但是，有些情况下，打折促销并不一定能给顾客制造惊喜感。

一对即将步入婚姻殿堂的年轻人到家具城采购新婚家具。刚到商场入口，便看到某品牌衣柜正在做打折促销活动，于是便上前一探究竟。

导购员：“您好，请问您需要什么样的衣柜？”

女顾客：“我们先看看。”

导购员：“今天我们正好在做促销活动以回馈新老客户。您看，这款是品牌衣柜，原件要 4999 元，现在做活动，只需要 3100 元，整整便宜了将近 2000 元。”

女顾客看向男顾客说：“这个品牌我听过，挺贵的。”

导购员笑着说：“我们这两天做促销活动，现在买可是很划算呢！”女顾客走上前，仔细看了一番：“我不喜欢这颜色。”

导购员：“我们店只剩下这一种颜色了。其实，这个颜色也挺简洁大方的。现在价钱那么便宜，你们不买，再过几天可就涨上去了！你们可以到其他店看看，这样便宜的价格可是买不来的。”

这时，男顾客开口了：“走吧，走吧，我们再去别家看看。”

导购员看顾客要走，忙说：“你们要是想要的话，我可以在促销的基础上，再给你们一点优惠。”

这时，女顾客小声地对身边的男顾客说：“还可以优惠！算了，我们还是不买了，免得质量有问题。”说完，头也不回地走了。

价格对顾客而言是个很敏感的词汇。事实上，只要提及与钱有关的问题，顾客的心就会变得异常敏锐。产品是否符合需求，价格是否适中，对顾客来说都非常重要。可是，并不是所有的顾客都会对低价的产品惊喜。

低质量——虽然消费者希望自己的购物时能“占便宜”，但是，消费者在求廉的基础上还有求质的心态。并且，精明的消费者对“一分钱一分货”深信不疑。产品的大幅降价很容易让消费者对其品牌产生不信任，甚至可能会使消费者认为商品质量低于售价高的商品质量，从而拒绝购买。

无法获得消费者的忠诚——虽然低价能暂时提高市场占有率，但消费者随时会转向价格更低的品牌，从而形成不同品牌之间的恶性竞争。最后不但会降低收益，而且无法获取消费者的忠诚。

观望效应——对于降价促销的产品，很多消费者会认为该商品正在参与激烈的市场竞争，降价将是一种趋势，并且可能会持续更长时间，产品的价格很可能会进一步下跌，从而并不着急购买，持继续观望的态度。

根据顾客对其总支出与产品成本的认知不同，他们对价值高或者经常购买的产品价格大多是敏感的，因而，离开了惊喜，降价便难以达到促进销售的目的。

● 降价要制造惊喜感

如何在降价促销的同时又能不损害消费者的惊喜感呢？

作为销售人员，就要掌握其中的技巧。

1. 价格分拆，制造客户的惊喜点

我们在购买一件商品，觉得价格太高，而不愿意购买的时候，销售人员会怎么说？

一般情况下，销售人员会告诉你，这件商品其实价格不高。虽然你是掏了很高的价钱买，但是，这件产品会使用很长一段时间，这样，把价格算在一天的开销中，也只是极小的一点。经销售人员这样一算，大多数的消费者会忽略产品的总价，感觉自己的投入并不高。

女性朋友们在购买化妆品时，导购人员常常采用这样一种方法。她会告诉你，买 1000 元的化妆品大概可以用上一年，把这 1000 元分摊到每一天，只需要 3 元多。每天投入这一点，就能拥有靓丽的容颜，太值了！

价格分拆可以在潜移默化中让客户觉得这样的价格是合情合理的，这样的投入也是划算的。

在打折促销的产品中，销售人员使用价格分拆的方法，更能给顾客带来价格上的惊喜感。

2. 凸显价值，保持客户的惊喜感

通常情况下，消费者在价格上占得便宜之后，更希望获得价值。如果销售人员在向消费者介绍促销产品的时候，一味地强调产品价格上面的优惠，就会降低消费者的惊喜感。这是一种极为失败的销售策略。

打折促销的产品，本身就可以给顾客带来惊喜感。销售人员在向顾客介绍产品的时候，首要的便是保持住消费者的惊喜感。这个时候，最好的策略就是弱化产品的价格，重点宣扬产品的价值，消除消费者心中“低质量”的疑虑。让消费者觉得以这样一个便宜的价格买到这样好的产品，简直是赚翻了！比如，在向消费者介绍一款促销活动的笔记本时，就要多介绍产品的配置、性能和功用。

3．增值服务，强化顾客的惊喜点

通常情况下，消费者在拥有商品本身价值之外，内心还会渴望拥有一些额外的价值。而事实证明，如果促销产品，在满足消费者在价格和质量上面的惊喜感的同时，能够提供一些增值产品，将会大大增加消费者的惊喜感。比如，我们在买手机或者电脑这类高科技产品的时候，常常会被销售人员提醒，买这样的产品，会赠送耳机、充电宝、鼠标垫、贴膜，同时，还有终身免费维修等一系列的优惠政策。这些都会增加消费者的惊喜感。

为了在提供产品增值服务的时候，让消费者的惊喜上升，销售人员还要学会利用减法策略。

所谓减法策略，就是从商品的价格中减去这些增值服务的价格，从而让消费者觉得自己投入少。

这种策略，我们在购买 IT 类的产品中常常遇到。比如，我们要去买一台电脑，原价需要 4200 元，现在只需要 2999 元。这样的价格，足够让我们惊喜。可是，这还不够。销售人员在介绍电脑价格低廉的同时，会告诉你，买这台电脑会送给你一台价值 799 元的 iPad 和价值 298 元的音响，再赠送价值 200 元的其他小物品。这样算起来，一台电脑花费才 1702 元。

销售人员这样算，目的只有一个，就是让你感觉超值。大多数的消费者会被这些增值产品吸引，可是，往往会忘了“羊毛出在羊身上”这条万年不变的法则。所以，销售人员在推动促销产品成交的时候，可以提供一些增值产品，让顾客尝到更多的甜头。

解析人类大脑对价值的取向

荷兰数学家丹尼尔·伯努利 (Daniel Bernoulli) 用等式的形式告诉人们，做任何事情的预期收获，或者说得到的好处，等于两样东西的乘积，一个是成功的概率，另一个是成功的价值。也就是说，如果能算出来，并将这两件事物相乘，我们就能知道该怎样去做。

举个简单的例子，我们都玩过猜硬币正反面的游戏。我扔一枚硬币，如果是正面，我输给你 10 元。但是，你需要先付给我 4 元钱来玩这个游戏。那么，绝大多数的人在进行这个游戏之前，会在大脑中判断自己玩这个游戏是否划算。现在，让我们来计算下。在这个游戏规则下，你有 50% 的概率赢 10 元钱，也就是 0.5 × 10=5，比你付出的 4 元钱要多 1 元。所以，你可以尝试来玩这个游戏，这在统计学中为“完美赌局”。

但在现实中，事情就没有这么简单了，因为我们估计这两件事情的水平都很差。通常情况下，人们在做决策的时候，会犯两种错误——错误地估算成功概率和错误地估算价值。

● **大脑对价值判断的误差**

我们可以假设一个场景：你要去看一场电影，钱包里有一张票，是你花 50 元买的。同时，你还带着另外 50 元钱。可是，当你来到电影院，却发现票丢了。那么，你还会再买一张吗？

我想有一部分人会放弃，因为他们的心里在算这样一笔账：别人花 50 元看电影，而我却是 100 元！

于是，这种比较下产生的心理落差，会让一部分人放弃看电影的打算，即使他真的很想看这场电影。

再换一种情况，还是去看电影。同样，你的钱包里也有一张 50 元买的票和另外 50 元的现金。但是，这次你丢的是钱，而票还在，你还会去看吗？

此时你的心理活动是这样的：虽然钱丢了，但是跟我看电影一点关系都没有，如果不看电影，反而损失了这 50 元的票。也就是说，如果你丢的是钱，但在你内心，看电影的成本还是 50 元。因此，这对你看电影来说一点影响也没有。

两种情况下，虽然付出的成本一样，但结果却大不相同。显然，这种与过去比较的思维方式使人们放弃了等价的交易。可是，现实的情况往往更让人担忧，很多很好的交易也会因为与过去对比而放弃。

用一个实际的例子来说：假设你十分想去泰国旅游，当你来到旅行社，正好有一个 20000 元的泰国度假团，现在只卖 16000 元，你会不会买这个？如果在正常的范围内，你一定会买下的。

现在稍稍改变一下，你来到旅行社只是提前探探风，发现20000元的计划现在只卖7000元！可是，现在你没有时间，需要等一个星期，然而一星期后，当你来到旅行社，发现价格又调到了15000元，你还会买吗？不会！为什么？因为你才不会花15000元来买之前还是7000元的东西！

也就是说，一个从前有更好价格的交易，即使现在仍然不错，也不如从前。但现在略微差一点的生意就能打动人，因为前者不如后者能够给人以惊喜的感觉。

显然，这种现象在商场中比比皆是：人们在买东西时，即使不和过去比较，还是会犯其他的错误——用同类的其他东西做比较。

这种比较有一个特点，当一样东西和另一样东西比较时，它们的价值会变，因此懂点销售技巧的人总会利用你的这个特点，帮助你"节省"花费的负担。

当你走进一家红酒店，要买一瓶红酒，你看到红酒的价格：10元、60元、288元，你会怎么做？大多数人不会买最贵的，也不会买最便宜的，所以他们选择价格适中的。所以说，一名聪明的销售员会在架子的顶端上摆放最贵的，即使根本没人买。而在消费者容易拿到的地方摆放价格中等的。这样，同价格贵的红酒相比，中等价位的商品就显得没那么贵了。这就是通过比较改变心理价值。

然而，大多数人把商品买回家后，又会感觉商品的价值变化了，因为当初做的价格比较会影响我们对物品的判断，但使用时这样的比较已经不复存在了。

● **理性消费 vs 非理性消费**

人们的消费有理性和非理性之分。

所谓理性消费，是指人们在消费时，在消费能力允许的情况下，追求效用最大化而做出的消费行为。这种消费是理智的，是在大脑进行合理的价值判断的基础上进行的消费。

非理性消费与理性消费相对应，是指消费者对自己的需求和想要购买的商品没有清晰的了解，也不能合理地确定其实际消费水平。这个时候，我们的大脑常常会对产品的价值进行错误的判断。比如，我们购买一件产品，会因为在价格、赠品等的惊喜下，忽略产品的实际价值或者对我们的价值。

有人认为，随着消费者知识结构的提升，消费会更趋向于理性。可是，实际上，消费者的消费行为存在很大的“非理性”因素。

很多情况下，消费者在面临选择时是理性的，但理性常常无法助其解决购买的选择问题，非理性消费行为也就会由此产生，其行为表现大都呈现出一个状态：掏钱付账，拿东西走人。

值得一提的是，在惊喜效应产生的情况下，我们在付账走人的时候是高兴的，觉得自己沾了光，得了小便宜。其实这正是商家利用消费者的购物心理做出的一场惊喜假象。

举一个例子来说。通常情况，机场会有书店，那些书店大部分会销售带着光盘的企业管理书籍或者营销类书籍，专门为商务人士提供。

销售时，店员会告诉那些商务人士说：光盘销售价格为 100 元，里面有知名讲师绘声绘色的实人讲解；书的价格是 80 元，里面会提供一些相关问题具体的解析与解决方式。

其实，我们从表面上看，无论是谁买了 100 元的光盘或者买了 80 元的书，都是一种不够理性的行为。这个时候，消费者会犹豫，不知道是否要购买，或者买哪一种。

这时，店员会告诉他们：如果两种都买只要 160 元。

这对正在苦苦权衡的买者来说，无疑是天降惊喜。

根据销售数据统计，至少会有 80% 的购买者当场决定合买书和光盘。而那些拿了书和光盘走出门去的买者，还会乐滋滋地沉浸在“赚了”的喜悦中：光盘 100 元，书 80 元，本来该付 180 元的东西现在一起买下来算算省了 20 元呢！

我再说一个例子。

有人做了一个实验，向消费者兜售一类无聊并且销量也不是很好的杂志。这种杂志有实体版和电子版两种。实体版的价格是 15 元，电子版的价格是 10 元，电子版 + 实体版的价格还是 15 元。以此来观察消费者的消费行为。

不少消费者在得知实体版的杂志卖 15 元的时候，考虑到其价值并没有选择购买。同时，对购买电子版的杂志也颇有些犹豫。而这个时候，当被告知实体版 + 电子版的价格和只买实体版一样时，消费者往往会忽略两个提供的内容一样只是形式不同的杂志的实际价值而选择购买。

由此看来，惊喜效应的有效利用是促成非理性消费的一个催化剂，它很容易让消费者在价值上面做出错误的判断，从而忽视产品的实际价值，做出购买行为。

我们在商场上看到的一些促销、买一送一、打折活动，卖家告诉我们“这是最后一件，优惠给你”等，这些都是通过惊喜促使消费者进行非理性消费。

不少人在遇到一些优惠活动的时候，会因为惊喜而忽略了自己是否需要，从而产生购买行为。这是非常典型的非理性消费，尤其在女性身上经常发生。我身边的不少女性朋友会这样，因为便宜，欢天喜地地买回一大堆东西。最后，却发现自己并不需要。可是，这并不妨碍她们下一次的非理性消费。

● 不确定加大惊喜感，惊喜促使非理性消费

传统的消费心理学认为，如果消费者的购买决策存在一些不确定因素，其购买欲望会下降。因为，人们面对不确定的东西时，常常难以选择。

可是，有的消费心理学家却认为，有时候，不确定因素会增加人们的购买欲望。

比如，我们在网上预订一家餐厅。这家餐厅的网站上写着“凡某日至某日，到本餐厅消费者，会有神秘礼物赠送”同写着“凡某日到某日，到本餐厅消费者，本店会赠送一份果盘”，哪一种吸引人？

相信绝大部分的人会选择第一种。而这恰恰说明了，不确定因素对人们购买欲望的影响。当然，也有人会选择第二种，他们的思维多理性，会较多地关注产品的价格和功能。实际上，第一种更能让人对“神秘礼物”产生期待，因为期待而产生惊喜感。这样的消费者在购买时常常会做出非理性的消费行为。

因此，从这方面来说，我们在销售时，可以尝试加入一些不确定的因素，让客户产生期待，从而带来惊喜感，加大客户的购买欲望。不过，我们需要注意的一点是，这个不确定背后的产品要吸引人，能给人带来惊喜感，让客户觉得“物超所值”，不然很容易让客户不满，影响忠诚。

与销售无关却又实用的“销售技巧”

从惊喜效应的角度来说，有一些“销售技巧”虽然和销售无关，却很实用。

● **送礼**

王总生病了，做了一个小手术。医院里，很多亲戚和朋友都来看望。病房里堆满了送来的鲜花和水果。这个时候，来了一个让他没有想到的人，是之前和他有过业务联络的销售员小张。

小张的到来让王总感到很意外：自己生病住院，亲戚去医院看很正常，朋友去医院看也很正常，没想到业务员也来了。王总和小张之前只不过见过几次，并且王总还没有购买过小张推荐的产品，在这样的情况下，小张能来医院探望，就显得很难得。王总感到小张的用心，在惊喜的同时，也决定，既然小张这么有心，下回一定要试试他推荐的产品。

一位去谈业务的销售员，总喜欢给客户送点小礼品。

“张总，我昨天看到一个名片盒挺漂亮的，买了一个送给您。”

“王总，我见您桌子上文件都堆在一起，送您一个文件夹吧，用起来很方便的。”

“赵总，我前几天出差，看到有您喜欢的茶叶，便带来两盒，您尝尝。”

尽管，这位销售员每次送的礼物都不值几个钱，但客户觉得这个人挺有心，把我放在了心上。不少客户都觉得，别的业务员从没有这样做过，以后我要和他多合作，至少也要多给他点机会。

我们公司也有个业务员，得知一位外地客户因病住进医院，马上联系当地的鲜花服务，订了一束鲜花送过去。想想远在北京的业务员给成都的客户送鲜花，客户当然惊喜，后来给这位业务员拉了很多生意。

销售员给客户送礼，无论礼轻礼重，客户都会接受。想想看，给我们送礼的人，不是亲戚朋友，就是有事相求的人。而销售员同我们不熟，却能把我们记挂在心上，送些礼物。在这个人情冷漠、利益为先的社会，这能不让人惊喜吗？在惊喜和亏欠心理下，也要想着多帮帮他。

一位非常优秀的销售员曾跟我分享过这样一个故事：

小徐是一位英语学习光盘的推销员，他手上的产品十分高端，一套光盘要 7000 多元，专门卖给富裕家庭的小孩。小徐觉得，银行是最容易找到有钱人的地方，所以便决定去拜访一下当地最大一家银行的行长。可想而知，阻碍重重，一直没能见到本人，后来他想了个办法。

有一天，银行工作人员将一束花放在了行长的桌子上，上面的小字条上写着“徐远祝您身体健康”。这位行长当时就有点犯迷糊：这个徐远到底是谁啊？怎么也想不起来啊！

后来，连着一星期，这位行长每天一到办公室就看到这束花，一看到这花就开始想：这个徐远到底是谁呢？为什么要送我束花呢？越想越不明白，越不明白就越想知道徐远是谁。

第二个星期，这位行长又收到小徐送的花。结果，这位行长每天满脑子都是徐远这个人，到处打听，但一直没有结果。

后来，等到这位行长心里慌得不行了，小徐才打电话过去：“王行长您好，我是徐远。”

行长更加摸不清头脑：这个徐远到底是谁啊，我和他认识吗？

“什么时候方便，我想去看看您。”小徐接着说道。

“那你来吧，来吧。”行长已经迫不及待想要见见他。

在去之前，小徐又花了番心思，了解到这位行长喜欢听音乐，便买了几张光碟。

见到这位行长后，两人随便聊了一会儿天。

小徐对行长说：“我前几天出差，正好看到有这个光碟，就买了送给您！”送完东西，小徐就走了。

行长就更奇怪了：你不需要找我办什么事吗？

行长百思不得其解，心里逐渐有一种亏欠别人的感觉。

等到第二回拜访，小徐如法炮制，又送了一点小礼物，然后东扯西扯准备走了，行长急忙就问：“小徐，你有什么事需要我帮你吗？”这时候，小徐见时机已到，便介绍了自己的身份和目的，希望那个行长能够推荐一下银行的 VIP 储户。这位行长二话没说就同意了。

后来，这位行长给小徐介绍了不少客户，买了很多产品，小徐也如愿赚到人生的第一桶金。

这是一个典型的依靠打破常规的手段营造惊喜的案例。小徐送礼的手段告诉我们，送礼在送出心意的同时，又要有新意，这样才更能打动人心，促成交易。

在销售时，给客户送礼，要掌握三点：

第一，礼物要恰当。

给客户送礼，礼物要恰当。我在这里主张，送礼不要送大礼。送的礼大，客户收也不是，不收也不是，让客户很尴尬，带来不必要的麻烦，同时也会怀疑你的用心。像案例中的小徐，从鲜花到音乐光盘，送的礼物很平常，不贵重，让银行行长不尴尬，也不会觉得有麻烦。

第二，送礼要体现心意。

送礼，求人办事，就要送出心意。销售员在给客户送礼时，要用心，用心才能打动客户，让客户惊喜。送礼最好能投其所好，尽量亲自登门去送。

第三，送礼尽量做到有新意。

有新意，显得与众不同，更容易让人产生惊喜。和别人一样，都送一样的礼物，很容易被忽视，送礼也会趋向形式化。

● 满足客户被关注的心理

通常情况下，销售员在销售的过程中，会尽量地满足客户对产品和服务的需求。同时，也会给予客户一定的尊重，并且通过优惠、讨价还价等手段，满足他们爱占便宜的需求。可是，我们往往会忘了客户还有一个需求要被满足，那便是被关注。

从心理学的角度来说，客户在消费时，心里是矛盾的，这源于他们内心深处的不安全感，而这种不安全感使得他们更加渴望得到他人的关注。

很多销售以失败告终，恰恰是因为销售人员没有让客户感到自己被关注。

有些店铺服务不好。从客户走进门，到客户挑选产品，常常是一句话都没有。面对客户的提问，很容易产生不耐烦的心理。这样的店很难吸引到客户，也很难获得客户的忠心，因为客户被关注的需求没有得到满足。而有些店铺，客户没还没进来，就热情地招呼，热情地为其挑选商品，拿出参考意见，时不时夸赞几句。这样贴心的服务，常常会给客户带来惊喜，促成交易。

给客户带来惊喜，可以很好地满足客户被关注的需求。

一家酒店要求服务员熟记每一位入住客人的名字、喜好和习惯，以至于客人刚从房间出来，服务员都能准确地予以称呼，提供喜欢的酒水饮料。同时，服务员在变天的时候，总会及时地提醒客人别忘了带雨伞，别忘了添衣服，让每一位入住的客人都产生被关注的感觉。

比如，我之前因为出差入住的酒店，在得知我的身份和我出差的目的之后，会特地为我准备保护嗓子的药和饮料，让我感觉很惊喜，同时也满足了我被关注的心理需求。

● **销售情感，打动客户**

现代心理学研究表明，情感因素是人们接受信息渠道的入口。通过情感更容易打动消费者，引起他们的注意。

其实，消费者无论多么理性，其最后的购买决定却往往是感性的。而销售的实质就是销售员与客户面对面情感交流的过程。

在同等条件下，情感互动是开发忠诚客户的重要路径，而惊喜则是我们打开对方情感大门的钥匙。客户在感到惊喜的时候，会卸下心理防线，从而对销售员产生好感。

一位老大爷到电器商场买家电，挑选了两台电烤炉。可是，因为手中拿的还有其他商品，便要求商家送货。可是，这家店有规定，能提供送货服务的必须是大件商品，如冰箱、彩电等。而老大爷选购的电烤炉是小件商品，价格便宜，也不是很重，是不提供送货服务的。而且，这家店免费送货的距离在三公里以内，而老大爷住在五公里之外的郊区，送货会加大成本。销售员同老大爷讲明情况之后，老大爷很失望，问销售员："为什么每个店都这样？"销售经理听到之后，便想了一个主意，让人把老大爷送到车站，并支付车费。老大爷很是感动，对这家店赞不绝口。过了几天，这位老大爷再一次来到店内采购冰箱。

在这个案例中，销售经理巧妙地解决了老大爷的难处，从情感深处打动了客户，让客户惊喜，从而产生忠诚。

以上三种方法，无论是送礼，还是给予对方关注，或者从情感上打动人心，都是成功销售所常用的技巧。其实，这三种方法更多的是人性化的体现和运用。所谓“做事先做人”，人做好了，事情自然就能水到渠成。

第五章 惊喜效应在管理中的应用

员工的忠诚需要培养。作为企业的一方，如果在日常的管理中能给员工带来一种惊喜感，超越员工本身的期待，便可轻松俘获员工的心。

破译获取员工忠诚的管理密码

任何企业，都想获得员工的忠诚。有一批忠心耿耿的员工陪着自己打江山，这是最大的财富。在员工的忠诚上面，马云自信满满地说：“没人能挖走我的团队！”可是，这个世界上只有一个马云。而且，马云自己都无法保证，在阿里巴巴工作的员工个个都是忠诚的。

招到的员工不满意，不能全身心地投入工作中，私底下抱怨工作、抱怨老板，甚至在个人利益面前走私单。

这是大多数企业在员工问题上面临的普遍性问题。老板们已经无法从一脸认真、嘴上说好的员工身上看出他是否忠诚了。

● **员工的忠诚与工资有关吗**

我有一位朋友，是一位女企业家。她的手下有一位特殊的员工，在她创业时就跟着她打拼，共同经历了很多挫折才走到今天。可想而知，两个人感情很深，情同姐妹。后来，企业逐渐发展起来，女企业家变得忙碌，逐渐有点淡忘这个姐妹。直到有一天，这位女企业家忽然想起当初一起创业的姐妹，内心觉得十分亏欠，便决定给她涨工资，提高待遇。可让这位女企业家没想到的是，工资一涨，两人的关系不但没能缓解，反而在第二天，她收到了一封辞职信。

这件事让这位女企业家十分伤心和困惑。她知道我是研究企业管理的，特意跑来问我，希望我能帮她解答这个疑问。

为此，我特意去拜访了这位员工。在交谈中得知，原来她一直把女企业家当亲姐姐看待，没想到眼里的这位亲姐姐很长时间没在意她，才想起来便要涨工资。这位员工抱怨地对我说："是不是觉得自己有钱了，想跟穷姐妹撇清关系啊！"

我把听到的这话转告给这位女企业家。

她听完后，自责地说："这都怪我做事没有深思，没考虑到对方的感受，谢谢你，李老师，我知道下面该怎么做了。"

后来，这位女企业家找到她的好姐妹，两人深谈了一夜，关系和好如初。

有些人总认为金钱是万能的，常不自觉地把钱看得过于重要，一切行为朝"钱"看齐。可是，这世上还有金钱买不了的，比如人心，比如员工的忠诚。

其实，"金钱是万能的"跟"谈钱伤感情"，这两句话都是正确的，但要看在什么情况下，人们的关系是什么样的。

商人之间的交易，当然以钱为重；朋友间相处，当然是感情最重，该谈钱的时候谈感情，该谈感情的时候谈钱，自然不会有好下场。

那么，我们再往深思考，领导者在面对员工时，若想获得员工的忠诚，应该谈钱还是谈情感，或者是别的什么呢？企业是不是给予了员工丰厚的工资，就能获取员工的忠诚了？

这却不一定。

我的那位女企业家朋友在没给她的姐妹涨工资的时候，她的好姐妹还在公司为她效着力，可是，涨了工资，却走了人。

职场中，工资高的员工并不一定对公司忠心耿耿，走私单、泄露公司机密、离职，时有发生。由此可以看出，员工的忠诚与老板所开的工资多少并不存在必然的联系。

● 探究员工的工作动机

作为老板，一定要了解员工的动机。参透员工的动机，才能给予员工想要的，从而让员工满意。每一位老板在管理员工时，都应该要有一个意识，那就是员工就是客户。管理员工同管理客户一样，我们要先了解客户（员工）的动机，才能知道他们想要什么，才能让他们满意。

在这里，我们所说的动机，就是激发、指引、维持和调节人们从事某种活动的力量，可分为外在动机和内在动机两种。

所谓外在动机，就是指在外部刺激的作用下为了获得某种奖励而产生的动机。而内在动机则是由个体的内部需要所引起的动机。

由此，我们也可以把员工工作动机分为内外两种。员工工作的外在动机，说简单一点，可以认为是工资、奖金、职位晋升。员工工作的内在动机，可以看作员工工作是为了追求工作中的愉悦感、成绩感、满意感和好奇心，甚至是为了实现自我价值。

员工工作动机具有一定的隐蔽性，不容易直接判断出来。我们若想了解员工工作的动机，需要仔细观察。要观察员工的工作状态、工作效果，对工作和同事的态度。同时，作为老板，还要学着同员工多沟通，以深入了解员工的内心。

●用惊喜超越动机，便可带来忠诚

在了解到员工的工作动机之后，仅仅是满足员工的动机，并不能获得员工的忠诚。用惊喜效应来说，要获得员工的忠诚，在让员工满意的基础上，超越他们的动机要求。比如，员工在签单之后，奖金比平时多一点；在满足员工对工资需求的同时，在晋升上给他机会；在薪水、职位都满足的基础上，给予员工更多的关怀，给予更多的尊重。

事实证明，让员工的工作充满惊喜，常常能带来意想不到的工作效果，同时也能为企业俘获忠实的员工。

魏翔刚工作没多久，对公司的整体印象还停留在“还可以”的阶段。

一天早上，魏翔来公司上班。发现公司的同事每一个人都对他露出真诚的微笑，并说上一句“生日快乐”，这让他有些莫名其妙，今天并不是他的生日呀！

待魏翔走到自己的办公桌面前，发现桌子上有一束鲜花，还有一张卡片，上面写着“生日快乐”几个字。这更加让他疑惑。

后来，魏翔打开电脑，进入公司的内部网站，这才看到上面发的消息：“今天是我们公司新员工魏翔的生日，我们祝他生日快乐，希望他工作和生活的每一天都是开心的！”

网站上的这几句话，让魏翔更加摸不着头脑了。

没多久，老总把魏翔叫进了办公室，询问了他最近这段时间的工作状态，是否适应新环境等话。在最后，对魏翔说："生日快乐！"

魏翔笑着说："老板，今天不是我生日。"

老总很奇怪："哦？不是你的生日？我是看你的员工入职表上面这样写的。"

原来，这一切都是老板的特意安排。

魏翔回答说："入职表上填的生日是按照身份证来的，而身份证上的日期并不是我的生日。"

老总明白过来："原来如此啊！"

虽然，这次是一个误会。但是，这个误会却让魏翔很惊喜，参加工作那么久以来，头一次遇到对员工生日那么在意的公司。魏翔对公司的好感度直线上升，下定决心要好好工作。

我有不少开公司的朋友，经常向我吐苦水，抱怨现在的80后、90后员工难管，刚到公司就想着跳槽的事情，对公司和工作一点都不负责。我听到后给他们的建议，就是给员工惊喜。事情是双向的，当你给员工制造惊喜的时候，员工也会给你带来惊喜。而制造惊喜最好的手段，就是打破员工的想法，超越员工的预期。

在员工看来，这个月发奖金，多发的100就是惊喜。耽误了工作，本来要严厉批评的，你稍微站在他的角度想，态度不过于苛责，就是惊喜。

惊喜是打开员工心门的钥匙，有了这把钥匙，便很容易获得员工的忠诚。

用给予的方式换取员工忠诚

一谈到老板和员工之间的忠诚问题，我都会得到不同的答案。

老板会愤恨地说："我已经给他开了满意的工资，给了他想要的职位，他还想要什么？"而员工则会一脸委屈地说："我对公司那么忠诚，老板总是不能重用我，真是够了！"

美国盖勒普公司对全球雇员敬业度调查发现，中国的敬业员工只有6%。对此，很多人提出反驳：明明中国人已经这么拼命地工作，怎么还算不上敬业呢？其实，敬业不等于辛苦，如果把工作当作饭碗，就很难敬业。

另一项调查显示，中国企业员工离职率高达40%。人员流失，尤其是关键岗位人员的流失对企业来说是很大的打击。员工敬业度不高，对企业的忠诚度不高，是目前制约我国企业，尤其是中小企业发展的最大因素，同时也折射出国内企业人性化管理方面的缺失。

其实，老板若想获取员工的忠诚，就要学会给予。

● 给予的基础上了解员工的需求和心理

在一个公司，努力工作的员工有三种状态，分别是："利、安、乐”。当一名员工对所做的工作没有兴趣和自豪感，那么只有利才能刺激他，而利的作用往往是最低的。用利驱使的员工毫无忠诚和积极性可言。

其次是员工的安全感。当公司能为员工提供丰厚的待遇，满足员工在工作中的安全感，员工便会主动为公司做贡献。

在我看来，员工最好的工作状态，不是“安”，更不是“利”，而是快乐地工作并有所期待，也就是所谓的“乐”。

让员工达到“乐”的工作状态，是领导者最主要的工作和任务。

要想做到这一点，企业领导者首先要从员工的需求和动机出发。

不同的员工有不同的需求。即使是同一个员工，在不同的时期，他的需求也千差万别。简单地说，员工的需求有物质层面的，也有精神层面的，还有社会层面的。

员工物质层面的需求主要包括工资、奖金等；精神层面的需求包括从工作中获得成就感、趣味感、愉悦感等；社会层面的需求包括自尊、荣誉、晋升以及获得的培训机会等。

其实，大多数企业无法获得员工忠诚的原因，是因为没有处理好员工的物质需求、精神需求和社会需求，没有正确地给予员工想要的。

一般来说，企业如果在激励上过分依赖经济手段，忽视情感激励和社会激励，往往会出现物质报酬抵消情感需求和社会需求的情况。最后，不但不会增强员工的工作动机和工作动力，反而会降低员工工作的积极性和主动性。而过分依赖物质激励，有可能导致员工严重的趋利倾向，以至于出现“大利大干，小利小干，无利不干”的局面，最后影响到企业的发展。

当然，如果过分地依赖情感激励和社会激励，不给予员工实际的物质奖励，同样会让员工产生怨言，从而在物质得不到满足的情况下离职。

所以，作为老板，我们要学会解读员工的心理，时刻知道你的员工到底想要什么。

1. 渴望安全感

安全感是马斯洛需求层次理论中讲到的问题。

职场最高的安全感是看得见的未来。员工对安全感的追求，在薪资待遇上。任何一个员工在踏入一个职位之后，都想在薪资待遇上寻求安全感。

2. 追求有意思

现代员工，尤其是80后、90后，在职场中追求有意思。无论是工作，还是奖励，甚至是批评，他们都希望有意思。

3. 追求有意义

有意义的工作才能长久，让人继续下去。

4. 渴望尊严

对尊严的渴望我们每个人都有。作为员工，在工作中，在与同事的相处中，时刻都想得到尊严上面的满足。

5. 被关注

员工希望能被其他同事关注，最主要的是被老板关注，被老板认可。

6. 逃避

遇到事情产生逃避心理，是人类的正常反应。员工更容易在矛盾、问题、责任方面产生逃避心理。

7. 逆反

在企业管理面前，每一个员工或多或少会存在逆反心理。

8. 自私

自私是人的天性。商业社会下，企业员工拥有自私心理很正常。很多情况下，不自私的员工反而不利于企业的管理。

9. 懒

人人都有惰性。再勤奋的员工也有懒惰的时候，作为企业领导者，要学着把员工的懒控制在一定范围内，给予员工一定程度懒的权利。

在了解到员工的需求和心理之后，我们再通过给予使之达到平衡，提升员工的忠诚度。企业领导者如何给予才更能容易获得员工的忠诚呢？

● 让给予充满惊喜感

一位在工作上兢兢业业的员工，为企业创造了很多利益。某一天，他在公司全体员工大会上被点名表扬，不但有丰厚的奖金，公司最高领导还亲自上台感谢他，并当着所有人的面给他鞠躬，这一刻让这位员工永远难忘，所有的努力都有了回报，感觉为这样的公司鞠躬尽瘁也值得。

企业对员工的给予，如果只是单单地满足员工的需求，并不一定会换来员工的忠心。就如这个案例中，员工兢兢业业地工作，获得奖金是理所当然的。如果，这家企业只是在发工资的时候，给员工奖金，奖金带来的惊喜并不是多么强烈，员工会觉得这是我应得的。而这家企业的做法是在职工大会上点名表扬，最高领导亲自鞠躬感谢，给予他充分的尊重和安全感，这对这位员工来说是永远也难以忘记的惊喜。这么一来，员工对公司也会内心充满感激，会更加忠心耿耿地工作。

给予员工惊喜感，更能体现一个企业人性化的管理。因为，这个惊喜是从员工出发的，暗合员工的要求，同时又超乎他们的想象。

小字条背后的惊喜魔力

被誉为“全球第一 CEO”的通用电气公司前总裁杰克·韦尔奇，是举世杰出的管理大师，其与众不同的管理手段令人称道，比如著名的“聚会”“突然视察”“手写便条”等。

杰克·韦尔奇善于管理，他总是把一沓便条放在办公桌上最醒目的地方，便于他随时拿出一张来写给某个下属甚至于某个车间的工人。他的这种方法总能给员工带来意想不到的惊喜。

● 小字条的神奇魔力

杰夫·伊梅尔特是韦尔奇手下工作最卖力的员工，他曾收到韦尔奇悄悄递给他的许多便条，其中有一张令他印象最深。字条上面这样写道：“我非常赏识你一年来在工作中的表现，尤其是你准确的表达能力以及学习和付出精神非常出众。所以，你在往后的工作中需要我扮演什么角色都可以——无论什么事，给我打电话就行。”

多年以后，成为通用电气新一任 CEO 的杰夫·伊梅尔特依然无法忘怀当年小字条带给他的惊喜。

“韦尔奇的这张字条让我大为感动，我觉得他是一个尊重他人付出、肯定他人成果，并且拥有着宽广胸怀的人。”

事实上，并不只有伊梅尔特一个人收到这样的字条，没有人知道韦尔奇在通用电气公司任职期间写了多少字条。但每一个人都承认，韦尔奇的字条是他们最为期待的——不论是鼓励还是批评。因为，在员工们看来，韦尔奇的这种沟通方式是对他们工作的一种莫大尊重。

虽然只是一个小小的字条，但带给人无比的亲切和自然，对员工形成了一种无名的鞭策和鼓励。

熟悉韦尔奇的人都知道，他十分痛恨官僚主义，他第一年进入通用时，就已经尝到这种体制的恶果。在他刚刚任职通用董事长时，这家已走过百年历史的公司机构臃肿，等级森严，对市场反应迟钝，在全球竞争中正走下坡路。

当年，高科技产业和全球化竞争趋势迅猛发展，对通用的销售收入和市场份额构成了挑战。而在韦尔奇看来，通用要想走出一条活路，就必须更加注重人才的作用，必须调整公司的管理方式，他说：“领导者的工作，就是每天把全世界各地最优秀的人才延揽过来。他们必须热爱自己的员工，拥抱自己的员工，激励自己的员工。”事实证明，韦尔奇的选择是正确的。

微软帝国的总裁比尔·盖茨也深谙其道，同时也是“小字条惊喜管理”的实施者。

盖茨在百忙之余从不忘关注下属们的工作进程，对于那些颇有成绩或是表现不尽如人意甚至是令人生气的员工，盖茨表达赞美、鼓励或批评的方式都是写给他们一张小字条，邀请对方到自己家里共进晚餐。

就是在这样和谐的氛围内，员工逐渐感受到老板不露声色的用意，即使受到批评，也会由衷地佩服老板的气度与良苦用心，从而在心底越发坚定了把工作做得更好的信念。

其实，类似的管理方式还有很多，其原理都是相通的，就是打破僵化的等级观念，将管理者由原来高高在上的形象，转变为服务于员工，为员工制造惊喜的角色。

● 从惊喜看人性化管理之道

有个故事，北风和南风比威力，看谁能把行人身上的大衣脱掉。

北风首先来一个冷风，寒冷刺骨，结果行人为了抵御北风的侵袭，便把大衣裹得紧紧的。南风则徐徐吹动，顿时风和日丽，行人因为觉得春暖上身而解开纽扣，继而脱掉大衣。最终，南风获得了胜利。

“南风”法则也叫作“温暖”法则，它来源于法国作家拉·封丹写的这则寓言。它告诉我们：温暖胜于严寒。

在企业管理中，小字条带给我们的不仅仅是一种神奇的惊喜效应，还将引导我们挣脱传统管理手段的桎梏，发现一种全新而切实的管理手段，即人性化管理策略。

在我看来，一名管理者管理员工，往往要依靠两种力量：一个是职务领导力，另一个是非职务领导力。

职务领导力就是我们平常说的“官大一级压死人”，是一种带有强制性的力量，通常伴有“口服心不服”“面子工程”等问题，在调动员工积极性上几乎无法产生作用。

而非职务领导力则不然，它是一种很强的个人魅力，可以说是获得追随者的能力，能够让人心甘情愿。

人是有感情的动物，每个人都需要情感上的交流，希望与家人、朋友、同事保持友好、融洽的关系，希望得到别人的关心……人的这种情感需求，在以“利润最大化”为目标的企业中，有时候会显得异常珍贵。

得人心者得天下！只有真正俘获了员工的心，员工才会为企业的发展忠心地工作。而如果企业领导者能在给予员工物质条件之外，给予更多的关心和关注，员工们将更加卖力地为老板和公司效力。因为，在以利益为重的商业社会下，对这些对员工来说，是一个难得的惊喜。

其实，企业的人性化管理并没有多么困难，无非是需要管理者对待员工时多用心、用感情。在日常管理中，要尊重和关心下属，时刻以人为本，多点“人情味”，多注意解决下属日常生活中的实际困难，使员工真正感受到企业给予的温暖。这样，员工出于感激就会更加努力积极地为企业工作，维护企业利益。

但是，我们需要注意的是，人性化并不等同于人情化。

细论起来，人性化和人情化二者有着本质上的区别。

举个例子来说，当员工在工作中出错时，管理者不但没有及时去纠正员工的错误，反而为对方隐瞒了这个事实，这就是“讲人情”。

“人情化管理”不但不能使公司的各项工作有效展开顺利运营，而且很有可能会使公司的整体氛围变得糟糕，破坏企业的公平和制度，让有能力的员工逃离。

而人性化管理则不然。所谓“人性化”是建立在企业规章制度的基础上，依照不同人的性格、爱好具体分析，因人而异地加以引导。比如员工在工作中出错，除了按照规定处罚，还要根据员工的不同性格，采用“鼓励”“安慰”，甚至“激将法”，使员工尽快走出沮丧，提升工作效率。

日本日立公司的人性化的管理充满了温馨和惊喜。

在大部分企业中，内部员工是不允许谈恋爱的，这一残酷规定，让不少员工被迫离职。而日立不仅允许员工谈恋爱，甚至还卖力地当起了“红娘”，为员工们解决终身大事。日立公司内部专门为单身员工设立了“鹊桥”，这个特殊的“婚姻介绍所”里有公司单身员工的详细资料。

在日立看来，解决员工们的终身大事，能稳定员工的心，让员工更加卖力地为企业服务。

日立公司对员工的人性化管理敢于打破常规，从员工角度出发，这对每一个在日立供职的员工，都可以说是一个惊喜。

● **给予期待提升企业效率**

在一个家庭之中，如果爸爸妈妈能干，孩子往往就会出问题，而越能干的人就越想掌控别人的世界。当孩子一些事情不会办的时候，不会去想办法，因为他们知道父母会帮助他做，自己惹出祸端也有父母摆平，长此以往就出现问题了。

所以，智慧的父母要学会示弱，不要在孩子面前说你应该怎么做，或者是没事有我在；而是要在孩子不会做的时候，说“这件事情妈妈 / 爸爸也做不好”“妈妈 / 爸爸也很害怕，你要学会保护我”。这样，孩子长大以后就会有自己独立的思维方式，就会更有担当。

同样，在企业中往往也存在这样的现象：老板太能干员工就不能干。因为所有的事情都去找老板。同时，越是能干的老板看员工做什么就越不对，最后便自己干，这样就不能达到培养员工的目的，老板也就会越来越累。

往往一个企业中老板不能干，手底下就会有一帮能干的人。因为老板不懂，好不容易找一个懂的人进来，他会发自内心地对人家好。当一个人发自内心对别人好的时候，别人迟早是会收到的。

心理学有一个著名的皮革马利翁效应，又被叫作期待效应，是指热切的期望或者赞美能够产生奇迹，这同心理暗示有关。一般来说，期望者给予被期望者强烈的心理暗示，常常会使被期望者的工作达到预期。

美国心理学家罗森塔尔考察某校，随意从每班中抽 3 名学生，共 18 人写在一张表格上，交给校长，极为认真地说：“这 18 名学生是经过科学测定的，全都是智商型人才。”事过半年，罗森又来到该校，发现这 18 名学生的确超过一般同学，长进很大，再后来这 18 人全都在不同的岗位上干出了非凡的成绩。

皮革马利翁效应告诉我们，赞美、信任和期待具有一种能量，它能改变人的行为，当一个人获得另一个人的信任、赞美时，他便感觉获得了社会支持，从而增强了自我价值，变得自信、自尊，能获得一种积极向上的动力，并尽力达到对方的期待，以避免对方失望，从而维持这种社会支持的连续性。

老板的期望在某种程度上也是给下属的一份惊喜，它代表着一种信任。通常情况下，下属会尽量满足老板的期待。

因此，在交代下属办某一项任务时，不妨对下属说："我相信你一定能办好""你是会有办法的"……长期进行下去，你就会发现，员工也在朝着你期待的方向发展，人才也就在期待之中得以产生。

韦尔奇的小字条就是这样，无论是赞美或是批评，小字条上蕴藏的都是对员工的期待。而当员工收到这样一个充满期待的小字条的时候，感受到的是老板的关注和重视。而这在大的企业中，老板的关注和重视带给员工的是莫大的惊喜，更能促使员工努力工作。

环境对于打造团队的重要性

在企业中有很多因素能够影响员工的忠诚度，薪资、职位、老板的态度、对员工的关怀等。但有一点你绝对想不到，那就是公司的厕所。

● **小厕所大视角——厕所中的企业文化**

打开一扇精致的木质欧式门，映入眼帘的是一个只有五六平方米的小空间，但就是这个地方却让人眼前一亮。

洗手台是古朴典雅的款式，上面的玻璃瓶里插了两枝新鲜雪白的百合花。桌上的化妆品不仅有玫琳凯的唇彩和眉笔，甚至还有一款限量版黑色包装的香奈儿 5 号香水。至于梳子、发胶水、眼药水、棉签、发卡、针线包……生活里能想到的东西，这里都有。

另外，桌台附近还有个三层的白色小书架，最上层放的是装饰花，中间一层放的是一些书和杂志，最下面是手纸和卫生棉。仔细看，手纸的下面还藏着两只打火机。

看到这幅景象，你的第一反应很可能就将这里定位成一家硬件服务设施相当完善的宾馆，或是个人的独特收藏室。但当你的眼光落在一个蹲便器上时，你一定会为自己的所见及猜想感到惊讶。

不错，这样精致的地方是坐落在重庆一家全国鲜花速递公司的员工厕所。

通常来说，厕所是公司管理的软肋，因为在一定程度上，从公司厕所的布置就能窥出公司的企业文化、管理能力、执行能力以及员工的基本素质等。

厕所曾一度被认为只是“五谷轮回”之所，难登大雅之堂，而企业文化却代表着高深莫测的底蕴。两者之间，似乎风马牛不相及。但自从出现了这些人性化的厕所之后，两者的内涵越来越被外界鉴定为是相通的。

被誉为“苹果教父”的乔布斯曾经有过对于厕所的“奇思妙想”。

乔布斯名下的一家动画公司——皮克斯的一位员工曾说：“平时，同事们都各忙各的，有些可能一直都没机会见面或者互相认识。所以，乔布斯觉得需要制造一个场所来让大家偶遇彼此，而他的想法是——在这个大厅的中央造一个厕所。”

虽然，乔布斯这个大胆而异常前卫的想法最终没变成现实，但苹果的厕所被建造在了大厅的四个角落，这样也基本上起到了作用。很快，几个平时不怎么见得到的同事彼此打起了招呼。

一个小小厕所的布置，折射出来的却是整个公司的自由宽松、充满了人情味儿的管理方式。

一般情况下，当公司肯将时间与心思花费在为员工设计厕所上，并完全站在方便员工、愉悦员工的角度上来做这件事情时，它本身就已经在开始营造这个“惊喜效应”了。

而当员工们被公司制造的这个切实、贴心的惊喜所打动时，对公司的好感度便会得到一个质的飞跃，连同对外的自豪感也迅速提升。当然，随之而来的还有忠诚度的大大提高。

● 环境对于打造团队的重要性

我们经常会看到这样一种场景：开各种会议的时候总会有人讲话，而一些人在讲话的时候总是讲不好，这就是环境给予他的压力，因为这个人和环境对接不上。

企业的环境对打造团队有着非常重要的作用，它会影响到员工的工作效率，影响到员工对工作和公司的忠诚，对打造团队有着非常重要的作用。

企业的环境分为硬环境和软环境。

硬环境就是我们的办公设备、厂房等，在硬环境之中有个著名的破窗效应。

破窗效应（Broken windows theory）是犯罪学的一个理论，该理论由詹姆士·威尔逊（James Q. Wilson）及乔治·凯林（George L. Kelling）提出，并刊于《The Atlantic Monthly》1982年3月版的一篇题为《Broken Windows》的文章。此理论认为环境中的不良现象如果被放任存在，会诱使人们仿效，甚至变本加厉。

以一幢有少许破窗的建筑为例，如果那些窗不被修好，可能会促使破坏者破坏更多的窗户，甚至会闯入建筑内。如果发现无人居住，也许就在那里定居或者纵火。因此，破窗理论强调着力打击轻微罪行有助减少更严重罪案，应该以“零容忍”的态度面对罪案。

在日本的企业管理中，有一种称作“红牌作战”的质量管理活动。所谓“红牌作战”就是用红色标签标记公司有问题的地方。它分为五个步骤：

1. 清理：清楚地区分要与不要的东西，找出需要改善的事物；

2. 整顿：将不要的东西贴上“红牌”，将需要改善的事物贴上“红牌”；

3. 清扫：在有油污、不清洁的设备上贴上“红牌”，在办公室藏污纳垢的死角处贴上“红牌”，在不该出现在办公室、生产现场的东西上贴上“红牌”；

4. 清洁：努力改善，减少“红牌”的数量；

5. 修养：在“红牌作战”中，有的人会继续增加“红牌”，而有的人则努力减少“红牌”。

在“红牌作战”计划之下，久而久之，员工会遵守规则，共同努力创造一个整齐清洁的工作环境。而在这样的环境之下，员工们的工作更加认真。

其实，“红牌作战”是“破窗理论”在企业管理中比较直观的表现。我们从这也可以看出，一个好的环境需要所有员工参与并努力打造，而一个好的工作环境会促使员工更加努力地工作。

一般情况下，企业招聘新员工，第一个让新员工产生惊喜的地方，就是企业的硬环境。公司宽敞明亮、整洁干净，常常让应聘者感觉很舒服。而如果在茶水间和厕所中有所不同，很容易让应聘者产生惊喜之情，从而增加他们想要留下来的期望。

相对于企业的硬环境，企业的软环境就更为重要了，我们经常说的企业文化就是企业软环境的重中之重。宗教占领大众的心智，品牌占领顾客的心智，而文化同样能占领员工的心智。最能够凝聚人心的企业文化，莫过于塑造一种归属感的企业文化。

● **细节塑造员工的归属感**

在现实生活中，最具人情味，最能给人“归属感”的是哪儿？毫无疑问是家庭。领导者应该努力成为员工“蜗牛的家”！蜗牛对背壳不离不弃，是因为背壳给它带来安全和归属，它视之为自己的“家”。

现在有很多这样的员工，他们在工作的时候总是敷衍了事，喜欢做一天和尚撞一天钟，从来不愿多做一点儿工作。但是，到了玩乐的时候，好像就变了一个人，他们兴致高涨，得意的时候春风满面，领工资的时候也会争先恐后。

出现这些问题的原因是什么？

我想在很大程度上，是因为领导者没有赋予员工归属感，没有让员工感觉企业像家一样，值得自己付出。

麦肯锡前董事长乔·卡岑巴赫经过研究发现，所有高绩效企业的员工都具有强烈的自豪感。事实上，不是企业的高绩效导致了员工的自豪感，而是员工的自豪感导致了企业的高绩效。

员工对事业的热爱是他们工作的原动力，当员工自豪地说他是某个组织的一员时，说明他们充满了干劲。一个认为自己的工作毫无意义的员工不会对工作充满激情，工作的效果也可想而知。

员工的敬业精神表现为对工作的热爱和忠诚，一个员工热爱并忠于他的本职工作，就会尽心尽力，发挥自己的最大潜力，投入工作中。一个敬业的员工一定会按时、按质、按量完成任务，不管是有人监督还是无人监督，都能主动而出色地完成工作而不是推卸责任。这就是高质量、高效率的执行力。

尽管自豪感对我们来说是一种抽象的事物，但是，从员工们自信的神情和自觉为企业所做的每一件事情中，都能折射出这种情感的光华。

员工的企业自豪感不是来到企业就有的，而是通过企业文化的熏陶，通过企业培训以及工作环境的影响，才逐渐形成和发展起来的一种心理品质，是员工其他素质培养的动力。

在员工归属感的培养上，惊喜效应发挥着很好的作用。

有一家公司的经理将制作精美的新年台历作为新年礼物送给每一位员。员工们拿到台历后情绪并不高涨，因为公司业绩那么好，年终却只有本台历，很多员工心里不满，有人发起了牢骚。

可当他们拆开一看时，顿时全都明白了经理的心意。台历显然是经理特别制作的。在每一页的背后是员工们在过去一年里对工作的心得体会与总结，还有一些是善意的怨言。员工在这一年中的主要事迹也都标明了具体日期写在了每页的后面，同时附有经理的致谢话语与亲笔签名。看完台历后，员工心里立刻变得暖暖的，怨气也随之消散。

毫无疑问，这本台历是最好的新年礼物，比金钱奖励更让员工感到惊喜。员工在理解领导关怀的同时，也一定会为拥有这样一个温暖的工作环境而感到无比自豪。

由此，我们可以看出，归属感确实是可以培养的，小到公司的厕所、领导者不经意的一个行为，都可以激发员工的归属感。而当员工形成对本企业的认同感和归属感，整个企业的向心力和凝聚力都会增强。所以，作为企业领导者，我们需要做的是用心，无论是在硬环境还是在软环境上，都努力为员工创造惊喜。

用惊喜效应为企业“留人”

难以从外部吸引人才，而自家人才大量流失，是很多企业面临的一大问题。在企业的人力资源管理中，惊喜效应能够为企业解决“留人”这一大难题。

● 巧妙的 3500 元

很多企业把面试当作与应聘者的“过招”，比如双方在薪资上的磋商——招聘人想方设法要降低对方薪水，而应聘人则绞尽脑汁要提高要求，这就涉及一个心理预期问题，到底需要多少钱才能够让人才留下？

假设你去一家公司面试，心里的预期工资是 4000 元。面试时，和老板就公司的未来发展与前景畅谈。突然，老板话锋一转：“我相信我们未来是很有前景的，但是你也看到了，我们这边正处在创业期，整体工资都比较低，待遇也一般。但是，我想这一切很快会改变的，公司将来发展壮大，是不会亏待功臣的。”

相信这段话说完，你的预期自然会被降低。而这时候，如果对方再问你的期望工资是多少，本来心里想要价 4000 元的，这个时候可能就变成 3000 元了。于是你表态说："3000 元吧，低于 3000 元我也没办法生活了。"

但是，你不知道，对方的心理预期其实是 3500 元。听到你的薪资要求后，老板说："你先干吧，根据你干的情况我们再来定你的工资。"

怀着"月薪 3000 元"的想法踏踏实实干到了月底，最后拿到手里的薪水竟然是 3500 元，心里很惊喜。这时，你会想："我明明要的 3000 元，竟然给发了 3500 元，这说明公司很重视我，我要好好干下去！"但是，你忘了，你最初预期的工资可是 4000 元。

这就是惊喜效应中"降低期望"与"超越期望"的典型代表。

工资是所有企业员工最为在乎的问题。企业通过这种方法，在员工最为在乎的问题上制造惊喜，很容易让员工踏实地工作。如果，员工刚来的时候直接要 4000 元，老板没有事先降低对方预期，而是马上降到 3500 元，反而会产生负效应，应聘者很可能因为预期得不到满足而不高兴走人，但是，通过前面大量的沟通降低了的预期，现在又涨了 500 元，应聘者自然会惊喜。而在这个过程中，随着你心理期望值的下降与升高，情绪也会随之受到强烈的波动——先是跌到了谷底，而后又突然上升到了一个意想不到的高度。

● **学会"画饼"留人**

有个成语叫"画饼充饥"，不少企业常常把这个成语运用到管理中。

不少企业领导者没事时喜欢给员工"画饼"：

“我们公司的未来是很有发展前景的……”

“我相信，在未来的几年，我们公司一定会成为这个行业的佼佼者……”

在企业管理中，“画饼”的目的是激励员工，通过对美好未来的描绘，激发员工的工作热情，使其更好地工作，为企业创造更多的价值。

但是，作为一个企业管理者，如果一味地靠“画饼”来满足员工的需求，靠“画饼”来达到调动员工工作的积极性，就很容易失去效果。

举一个简单的例子。比如一个家具企业的老板告诉员工“我们将来一定会在市场上占据优势地位”。但反过来思考一下，老板的理想是占领现在的市场还是别的什么市场，公司的普通员工根本不在乎。

真实的情况是，大多数普通员工绝对不会考虑6～8个月以后的事情。他们只关心自己的薪酬支票和优厚的待遇，这才是让他们留下来的直接原因。

所以，企业领导者千万不要轻易去“画饼”，该怎么“画饼”，画什么样的“饼”，什么时候该“画饼”，是个值得学习的学问。

“画饼”需要有一定的技术，也需要有一定的艺术。望梅能止渴，但是这个方法使用的次数非常有限，不来点实际的，你把前途描绘得再光辉灿烂也没有用。

你能给下属多大的空间，自己要非常明白，否则就不要盲目承诺，盲目承诺的后果是毁了自己的信誉也丧失了下属对你的殷切期望。后面的日子里，相互之间都会很不舒服。

领导者给予下属期望的时候，需要把握一定的度。掌握好这个度，便可以给员工带来惊喜。

比如，员工涨工资的问题。如果很有把握给员工涨1000元的工资，这个时候，给员工的期望只能是700～800元。到最后发工资的时候，意外地给了1000元，这便超越了员工心理预期。如果这个时候再对员工说："这是因为你表现比较突出，员工做得好，公司不会视而不见。"那么，员工还有什么理由不为公司效力呢?

"饼"是要画，有了"饼"员工才能看到未来。不过，这"饼"要实在，要是员工想得到，也能得到的。在画的时候有所保留，给"饼"的时候就很容易超越预期，让员工惊喜。

● 企业留人，要学会"分"的艺术

企业管理的核心逻辑就是：我给你想要的，你去做我想做的。

企业能够提供给员工的，无非就三样：金钱、权力、平台。归根结底，大多数人更看重钱。看到这里，很多老板可能会说："好，既然要钱，那就把钱拿出来分吧。"

分钱是有讲究的，钱分得好，便能为企业更好地留住人才。智慧的老板，只和员工分未来的钱。

老板和员工有一个本质的区别：老板往往是相信了就看见，员工是看见了才相信。老板分未来的钱，常常会使员工觉得虚假。那么，老板要做的就是想方设法让员工相信。

1. 营造可以看见的美好前景

什么是可以看见的前景?

这个就是企业非常清晰的战略规划和愿景，让员工相信在未来的一天公司会发展成什么样子。然后，给员工承诺，让员工惊喜，觉得还不错。只要感觉“还不错”，就会留下来为公司和自己的共同未来而奋斗。

2. 树立榜样

在一个企业中，要想建立一个信用系统，就要树立一个榜样，一个分权和分钱的榜样。

在一个企业中，如果没有一个人是员工的榜样，员工对未来就会产生怀疑，即便老板说得再好也不会有人相信的。

但是，如果在公司中老板承诺做到什么样就给你什么，然后有一个员工得到了，其他的员工自然就相信了。

在树立榜样的时候，我们要做的就是超越员工想要的。比如，在员工的认知中，业绩第一就会得到奖金。这个时候，老板不仅发现金，还发一辆宝马。可想而知，后面的员工是该多积极地努力工作。

3. 小福利留人心

一个企业福利要有，小福利更不可少。

比如逢年过节，企业发红包，发日用品；员工过生日时，送花，送高级餐厅的餐券。这些都是小福利，都能让员工获得惊喜，从而觉得公司待遇还不错，愿意待下去。

企业领导者给员工发小福利，发什么并不取决于你自己，而是取决于你的员工。有的人想要大米你就给他大米，有的人想要钱你就给他钱，有的人想要旅游你就给他几天假期，这是他们想要的。满足了他们想要的，然后再制造点惊喜。比如，想要大米的，你不仅给他大米，还给他两桶油；想要钱，多给他一点；想要三天假，你给他五天。这些额外的福利都是俘获人心的手段。

怎样发钱才是最“惊喜”的

经常有人问我，什么样的激励手段最有效？

毋庸置疑，奖金是最有效的激励手段，它是企业领导者、人力资源部门和员工关注的焦点。

对每位员工来说，公司发放奖金是一件天大的好事，说明自己的努力有了回报，并获得了领导的认可；而对每个公司领导来说，给员工发放奖金同样是令人感到高兴的事，因为自己的员工争气，给公司创造了效益。

但不少公司却在奖金发放上面遇到了难题，发多少、怎么发、什么时候发等，一句话说不清楚就极易造成公司内部军心紊乱。而有的公司更“大方”，动不动就奖励员工，看似是要给大家惊喜，激励大家有更好的工作状态与工作成绩，结果却适得其反，不仅没有达到自己的目的，反而引出一些不必要的麻烦。

某房产公司，老板是个豪爽大气却缺乏管理经验的人，出手极其阔绰，每临发工资时，几乎人人都有奖金，而且奖金与其工资的比例接近 1 ∶ 1。然而，最让员工们又爱又恨的是，老板动不动就给红包，甚至于看到今天谁早到公司、谁主动打扫卫生就当场奖励100元。

虽然老板的出发点是好的，可是这种毫无节制的奖金发放方式却招致很多人的不满，尤其是一线的销售人员。每次看到老板眉飞色舞地奖励这个奖励那个时，销售人员的心里就老大不乐意，嘀咕道："我们天天在外面风里来雨里去的，累死累活把单拿下来，最后拿的奖金反倒不如一个前台文员。"

由于无视员工们的内心想法，做不到统筹兼顾，该公司的一线销售人员流动性特别大，在公司工作超过一年以上的销售员不足总数的10%。但另一方面，公司的辅助部门，尤其是非关键岗位上的员工，比如前台、文员、助理等，都不愿意走，因为他们的月收入相对同行业来说是非常可观的。

渐渐地，公司的人力成本越来越高，真正能给企业带来直观效益的销售人才流动越来越大，从而直接影响到销售业绩的提成，对公司的目标和战略产生了很大的威胁。

俗话说，重赏之下必有勇夫。奖金，无疑是激发员工动力最直接的手段，但奖金激励真的是万能药吗？

1971年，美国心理学家爱德华·德西进行了一项有趣的实验：他让一些来参加实验的大学生在实验室里解答一组难以回答但很有趣味的智力题。

这个实验分三个阶段进行：

第一个阶段：每个实验参加者自己解题，不给任何奖励。

第二个阶段：德西把实验参加者随机分成实验组和控制组，两组同时在不同的教室进行答题活动。实验组的学生每做完一道题便可得到 1 美元的报酬，而控制组的学生做完后无任何奖励。

第三个阶段：在第二个阶段后，德西让所有的学生原地休息一会儿，在自由休息时间，实验参加者想做什么就做什么。这么做的目的是考察实验参加者在没有物质刺激时还能否维持对解题的兴趣。结果发现，与奖励组相比较，无奖励组在休息时仍继续解题，而奖励组虽然在有报酬时解题很努力，但在不能获得报酬的休息时间明显失去了对解题的兴趣。

这就是著名的德西效应。它告诉我们，当一个人对活动充满兴趣时，给他提供外部的物质奖励反而会减少这项活动的吸引力。

● 金钱激励背后的差别感受

同样是金钱刺激，奖励的方式如果掌握不好，很容易会起到不良效果。

举一个例子。在对你的能力、业绩、工作效果等多方面考虑之下，公司决定给你丰厚的奖励。假如，你现在所拿到的年薪是 30 万元，让你做出两个选择：

第一种：年薪 30 万元不变，但每年会不定期发放几次奖金，总额为 5 万元。

第二种：年薪上涨到 35 万元。

对于这两种奖励方式，你的选择是什么？

通常情况下，一般人会选择第二种，因为人天生就渴望稳定。

年薪35万元，是员工可以看得见的未来。

但事实上，如果你是老板，我建议你用第一种方式实施你的奖励措施。因为，不定期发奖金比涨工资更让员工开心。

我们每个人对事物都有一定的“适应性”。对于刚接触的事物，我们一开始可能会很敏感。但是时间一长，敏感度就会降低，我们最终会渐渐适应下来。

从人的“适应性”来说，不定期的发奖金要比涨工资要好。

我们先从涨工资上面来说。

在工资最开始上涨的时候，员工会很惊喜，工作起来也比较有斗志。可是，在工资上涨了三四个月之后，员工对涨工资的惊喜之情会越来越淡，最后没有任何感觉。甚至会期待下一次涨工资，而时间一长，预期达不到满足，就会产生抱怨心理。

而不定期发奖金不一样。员工不知道哪一个月奖金就来到了，这也是我们讲的“不确定性”，这个不确定性加大员工惊喜感。不定期的奖金，带给员工的幸福感会更频繁、持久。

但是，如果你一定要用涨工资的方式来对员工进行奖励，也并不是一件错误的事。但有一个条件就是，员工的工资千万不要公开。

许多知名企业的员工工资不但不公开，而且不允许员工之间互相打听，这种规定还成为一种制度，如果有谁打听对方的工资，就会被扣掉一部分奖金。

有人也许会问为什么，这其实是个心理问题。

我们每个人都是过于自信的。在员工看来，自己总是比别人好。

那么，在工资不公开的情况下，每个员工都会认为自己比别人干得好，于是高估了自己的工资。而如果工资上涨，在不被公开的情况下，员工的惊喜会更大。

但是，如果公司公开工资，结果会怎么样？

每个员工都会觉得自己的贡献比别人大，但最后发现，那些贡献不如自己的人却拿和自己一样的工资。那么，他就会要求加工资。慈善一点的公司老板可能会同意他们的要求，但这也无济于事。因为工资一涨，大家都在涨，相对的工资水平没有变化，公司不但多花了钱，却员工并没有开心，甚至会产生不满。

● **奖金的发放技巧**

奖金对每个员工来说都是一个惊喜。但有句话叫“物极必反”，一件事第一次出现是惊喜，第二次出现就是平常，到第三次就完全让别人失去兴趣了，正所谓“一鼓作气，再而衰，三而竭”。

当奖金过度而频繁地发放之后，带给员工们的就不会再是刺激与惊喜，反而是厌倦，甚至还会因顾此失彼而离散人心。

我们在发给员工奖金时，要掌握技巧，这样才能带给员工惊喜。

1.“出尔反尔”的惊喜

某年春节，富士康董事郭台铭在员工的奖金发放上做了这样批示：奖项设立应“名三实五”，即公开的方案上若写30个奖项，实际颁发时要发50个奖项。这让员工不仅满意，而且惊喜！

我们在给员工发钱的时候，可以采用富士康的这种方法。事实证明，这种“出尔反尔”能带给员工很大的惊喜，而惊喜之下，更容易让员工为企业效力。

王伟刚转正没多久，就从老总手中接过一个大单。老总当即许诺，如果王伟能顺利拿下这个客户，在获得原有提成的基础上，也会有 2000 元的奖金。

为此，为了拿下客户，王伟可谓是掏尽了心思。皇天不负苦心人，王伟在自己的努力和才华下，最终完成了工作。

而等到月底领工资的时候，王伟发现自己得到的并不是老总许诺的，平白多得了 500 元钱！

老总对王伟说："我知道你这些天很辛苦，为了这个客户是费尽了心力，这些都是你应得的。"

在此之后，王伟工作更加卖力，经常会得到老总的赞赏，没过多久便被提升为部门经理。

发钱"出尔反尔"是管理员工的一种手段，为的就是超越员工的心理预期，让员工惊喜，从而产生忠诚。

2. 预留部分奖金给管理中层以其个人名义发放

有位企业家，很擅长管理，在发放员工奖金的时候会预留一部分给公司部门主管，然后让他们以个人的名义发放给手下员工。

他的这个策略，让部门主管做了好人，让员工做得很开心，更加努力地为部门和公司服务。

我也接触过一位较为失败的老板。

这位老板的特点就是喜欢吹牛。一般情况下，客户问他："这个项目一个月时间怎么样？"

这老板会说："不用一个月，半个月就可以了。"

牛皮的代价便是手下的员工不停地加班。最后呢？拿到奖励的只有部门主管，其他人什么都没有，员工们颇有微词。部门主管得到奖励，开心的同时，也有些别扭。因为，老板不知道员工怎么辛苦，自己却知道。于是，为了不让人心离散，部门主管便抽出奖金的一部分，请客吃饭。这样，主管到手的奖金就少了，惊喜也没有了。最后的结果是，部门主管和部门员工都有怨言。

我觉得每一位管理者在条件允许的情况下，都应该预留部分奖金让管理中层人员以其个人名义发放给其他员工，这样不仅可以给员工带来意料之外的惊喜，同时，也有助于增进员工对主管的信赖，最终收获的不是一两个人的忠心，而是一个部门的忠心。

3. 发放奖金，同时也有精神奖励

大多数的公司，激励到发放奖金这一步就结束了，但这是非常不聪明的决定，激励的效果会因此大打折扣。

奖金是最直接也最能体现一个人能力的工具，任何一次奖金激励对员工来说都是一次惊喜。可是，企业若想将员工的惊喜感放大，光是把奖金发到员工手中是不行的。发放奖金的同时，管理者可以同员工深入沟通交流，说明发放奖金的原因，并对他们的贡献做出认可和赞扬。物质与精神的双重激励，能让员工更加满足、更加振奋。

第六章 惊喜效应在职场中的应用

在职场打拼，想要升职加薪需要运用一定的技巧。是金子也要懂得适时发光，给领导制造惊喜，而不只是埋身土中，等待领导的发掘。惊喜效应是每一位职场人士升职加薪的法宝。

破译升职、加薪的职场密码

我经常会听到职场中人抱怨说：

“在公司这么久了，为什么升职、加薪的机会一直轮不到我？”

“干了那么久，为什么我的工资只有那么一点儿？”

“我工作那么努力，为什么就无法得到领导的青睐？”

在种种抱怨之下，产生一种不平衡的心理。而这种不平衡心理导致的直接后果就是做事没有激情动力，最后受领导青睐升职加薪的机会也随之远去，从而陷入一种职场恶性循环之中。

但你有没有想过，为什么公司没有给你升职、加薪？当然不会毫无原因。要么你工作实在不出色，要么是你能力不够。而最关键的原因即是，你不懂得在职场中给身边的同事、领导制造惊喜，以至于你自己都无法带着一份喜悦的心情去工作，哪里还会产生好的效应呢？

● 认识你升职、加薪路上的拦路虎

看看下列问题，有哪些正在你身边发生。

1. 不懂得如何显露自己的才干

有人始终抱着“是金子总会发光”的信念，以为有朝一日自己勤勤恳恳的工作一定会被领导看到从而被挖掘，于是除了默默无闻做好自己的本职工作以外就是苦苦地等待再等待。

但是，一味被动地等待领导的发现是极为愚蠢的想法。领导通常是忙碌的代表，你勤恳的工作态度他们固然不会视而不见，但若指望他能够明白你的真正需要，设身处地地为你着想，将你提到你心仪已久的岗位上来，那可就真是天方夜谭了。

作为一块发光的金子，不应等待他人发掘，应该学会自我显露。这样才能尽早得到自己想要的，让自己的需求得到满足。

2. 不善于与同事沟通合作

这种情况一般可以分为两个极端，即自闭型与自大型。前者是闭门造车懒得与同事们沟通，后者则是骄傲狂妄不屑与同事们交流。

可是，不善于与同事沟通的人，他的职场道路是不会通达的。

如何处理好与周围人的关系将直接关系到你在旁人眼里的形象，当你在大家心目中的形象并不是那么如人意时，不难想象，你的升职加薪也就会与你背道而驰、渐行渐远。

3. 把工作当作苦役而非乐趣

将工作当成苦役的人，必定成天牢骚满腹，做起事来也是敷衍了事，这样的人完全处于一种被动心态下，以至于领导认为你得过且过，没有工作激情，同事认为你难相处，结果升级、加薪的机会被别人得去了，而你只有“天真”的牢骚。

4．没有自己的想法，只会被动接受

一个听话的下属固然深得领导欢心。但是，如果过度听话将只能被领导看作一台只会埋头干活儿不会用脑思考的机器。当你的行动连同思维都变得机械化时，只能成为领导的仆人，而非一个合格的员工。

5．做事拖延，缺乏时间观念

拖延而没有计划性是职场一大忌。有许多职场人士对于一些自己力不从心的项目总是先搁置一边，同时又缺乏高层次的计划与统筹安排，以至于到了紧急关头才敷衍交差了事。这是缺乏主动性的表现，也就无怪乎升职加薪会与你无缘了。

职场中，懂得制造惊喜很关键。它会让我们的职场道路越走越平坦。

● 惊喜效应的核聚变——每天晚走十分钟

小张初入职场时，和大多数人一样，一边抱怨着工作的繁重与枯燥，一边又渴望着升职加薪。

一次偶然的机会，小张留下来处理一些事情。最后，公司的员工都走了，只有老板办公室灯和小张的还亮着。随后小张逐渐发现，他的老板总是公司里下班后走得最晚的那个。

小张深受触动。从此之后，他便给自己定下一条规定：每天下班要比老板晚走一步。

自从定下这个规定，小张明显发现自己的工作激情逐渐高涨起来，就仿佛有双眼睛在时刻关注着自己的工作进度一样。他在工作之时分外认真，同时人也变得自信起来。在比老板晚走一步的那段时间里，小张认真总结当天的工作内容，并列出遇到的问题和需要改进的地方，再详细写好第二天的工作计划。这样，小张第二天的工作效率极高，工作效果也很明显。

很快，小张最晚走的这一举动引起了老板的注意。在经过一段时间的观察后，老板越发对这个勤勉上进的年轻人产生好感，同时自然也为自己拥有这样尽职尽责的员工感到欣慰。

终于某一天，在人去楼空的办公室里时，老板决定与这个年轻人好好谈一谈。

在交谈中，老板又惊喜地发现，这个年轻人不仅勤勉，还是个很有想法的人。于是，他决定给这个年轻人一个其他人梦寐以求的机会。

后来，当小张的很多同学以及同龄人还在为保住饭碗而苦苦挣扎时，小张已经顺利地完成了由白领到金领的过渡，一跃成为公司里不可或缺的关键人物。

有句话说得好："每天进步一点点，能量升级核聚变。"

将这句话应用到职场当中，不管是你带给自己的惊喜还是给同事或者领导的惊喜，小惊喜的堆积叠加也一定会形成类似的核聚变，而你的升职加薪梦也随之变得清晰而现实。

● 谁才是老板眼中的明星

在职场上，每个人都希望得到机会，对机会的渴求甚至毫无掩饰地写在菜鸟们的脸上，因为一旦抓住机遇，就意味着脱胎换骨。

实际上，职场上的机会对每个人来说并不是平等的，可以说机会在职场上是一种稀缺资源，当老板把有限的资源都充分合理地运用在适当的人身上时，自然也就导致了“强者愈强，弱者愈弱”这种两极局面的发生。

对老板来说，所谓的“人才”在他还未产生价值之前，都是成本。无论是哪位老板，成本一直都是首先要考虑的问题。大部分老板都是白手起家，他们知道资金的重要性。一般都想一分投资，几分收获，用最少的投资去创造最大的价值。

虽说我们都是企业的员工，但老板只会培养那些优秀的员工，而剩下的就让他们自生自灭，最终被淘汰出局。

那么问题来了，谁才是企业内最适合被培养的人呢？

小一些的公司还好说，老板对每个人都有直观的印象，而在规模稍微大一点的企业，老板不可能知道每一个人的情况，而他要想判断一个员工的好与坏，就需要参考其他标准，比如业绩，比如企业内对这名员工的评价。

业绩很直观，是一个人专业能力的直接表现。老板在乎业绩，重视为企业带来业绩的员工。不过，在我看来，企业内对这名员工的评价更是老板看重的一点。

一个人在职场的评价一般有三种类型：一是自己说自己好，这是属于自卖自夸型的；二是别人说你好，这是属于推荐型的；三是大家都说你好，这是属于口碑型的。

如果换作你是老板，你更相信哪个评价？答案不言自明。

口碑也分好与不好，公司里对你好的评价越多，你获得机会的概率越大；对你负面的评价越多，你走人的概率就越大。在职场中，好的口碑型的人才更容易实现升职加薪的目标。而要想获得好的口碑，让你的客户、同事、上级甚至是老板都对你交口称赞，就需要惊喜效应来帮助你。

员工思维 PK 老板思维

职场中普遍存在一个“怪”现象：公司里两个人的工作能力与资历都不相上下，但到了升职加薪的关键时刻，一个人春风得意，扶摇直上；另一个人却只能遭受惨败。这是为什么？

● **完成与完美，普通与惊喜**

有一个发生在美国佛罗里达州的故事。

约翰和哈里同一天进入一家蔬菜贸易公司。三个月后，约翰的薪水已经增加了一倍，职位也升到了部门主管，而哈里仍然只是公司的普通职员。

哈里对这样的结果很是愤愤不平：“我同约翰一样的努力，为什么他升职加薪，而我却在原地踏步？”

面对哈里的疑惑和抱怨，经理没有给出答案，只是对哈里说：“公司现在打算预订一批土豆，你先去看一下哪里有卖的。”

虽然哈里心里很不服气，但仍是按要求去做了。

半小时后，哈里急匆匆地回来汇报说：“20 公里外的集农蔬菜批发中心有土豆卖。”

经理问："卖土豆的一共有几家？"

哈里挠了挠头说："我刚才只是看到有卖的，没有留意有几家，我再去看一下。"

20分钟后，哈里喘着气回来了："报告，一共有三家卖土豆的。"

经理问："三家的土豆价格分别是多少？"

哈里愣住了："请您再等一会儿，我再去问一下价格。"说完，又要往外跑。

这时，经理叫住他："你不用再去了。"

然后把约翰叫了过来，吩咐他去做同样的事情。

40分钟后，约翰回来了，向总经理汇报说："在20公里外的集农蔬菜批发中心有三家卖土豆的，其中有两家的土豆是0.9美元一斤，一个老头的只卖0.8美元一斤。我看了一下他们的土豆，发现老头的土豆最便宜不说，质量也是最好的，是自己农场种植的。他说，如果我们需求量大，价格还可以优惠。因为他家里有车，可以提供送货。我已经把老头带回来，就在公司大门外等着，要不要让他进来具体谈一下？"

经理点点头，说："暂时不用了。"

然后看着哈里说："如果你是经理，你会给谁加薪、晋职呢？"

哈里终于知道了自己同约翰的差距，十分惭愧地低下了头。

执行力被很多企业所提倡，因此也有很多员工都在想方设法把自己打造成拥有执行力的人。

可是，不少员工以为，立即去做就等于高效执行，这种认识是错误的。高效的执行力，就是按时、按量、按质地完成任务。一个高效的执行力人才，并不是不拖延，立即去做那么简单。执行是有结果的执行，没有结果一切都是枉然。

这个世界上不缺少平庸的人，他们中除了因为懒惰，更多的是没有找到努力的方向，每天都在瞎忙，导致离正确的结果越走越远。在很多人的意识里，只要做事尽力就算是有业绩了，至于是不是达到了公司想要的结果，那就不是自己所关心的问题，这显然是十分错误的观念，这并不是老板想要的员工。

那么，在老板的眼中，他所期待的员工应该是什么样子的呢？

答案是：能够带来结果。而这个结果不是完成，而是完美；不是普通，而是惊喜。

这样的员工不仅会出色地完成任务，而且更懂得老板“吩咐”他做事想要的结果，领会其真实意图，并带给他意料之外的惊喜——这是一种强有力的无形竞争力。

我们从约翰和哈里的故事就可以看出。

公司想要采购土豆，经理当然不是简单地了解哪里有卖土豆那么简单。约翰深得老板的赏识也在这一点。老板吩咐一件事情，他能带来多个结果，并且还有自己的判断。这才是老板想要的人才。

在职场中，我们应该做约翰这样的员工，在工作中给老板带来惊喜。一般情况下，老板在下达命令的时候，从来不会清晰地告诉你应该这样做，他给的只是个问题，方向、方法需要我们自己去摸索。我们应该学着站在老板的角度思考问题，揣摩老板没有说完的话。

这样才能在结果中让老板惊喜。

● **老板与员工思维的碰撞**

老板和员工的思维有着本质上的差异。如果你能够提早发现这些差异，就会发现很多隐藏在职场中的机会。

1. 老板要集权，员工要求授权

正所谓“没有调查就没有发言权，没有集权就不是老板”。

由于企业是直接属于老板的，企业出现的经营风险与不良后果都要由老板承担，这就从根本上决定了老板是企业的集大权者。老板要集权，这样才能对公司有一个整体的把握，让公司的运营按照自己的规划走。

而员工则希望老板能适当放权、有效授权，这样才能有工作激情。

2. 老板要看大局，员工要求顾全每个个体

老板看到的是趋势，想的是未来，而员工经常看到的只是自己的本职工作，想的是现在。

在这两种思维之下，老板多从公司发展的大局出发，考虑的是整体利益。而员工则从个体出发，希望公司每一个决策能够顾全每一个个体的利益。

于是，老板和员工之间便产生了矛盾。所以，有些管理学家才说，公司的战略失败，不是战略制定上面出现了问题，而是战略执行上出现了问题。

3. 老板与员工的加减法不一样

老板与员工之间经常会做这样的加减法：老板想让员工以积极

认真的态度多干活儿，而员工则会觉得老板给的薪水也就只够干这么多活儿，自己再要多干就要吃亏了。

另外一种情况是，同样一个工作任务，老板与员工对此的理解、看法以及履行策略都有着相当大的出入，行动起来难免会出现分歧：员工不按老板说的做会被老板骂成阳奉阴违；员工听话照做又会心里不爽，草草了事必然会导致任务质量低下。

由于老板和员工的思维不在一个频道上，经常会出现问题。但是，作为员工，我们不是让老板适应我们，而是我们适应老板。这是职场发展不变的法则。

优秀的员工每天想的是，我动作要快，行动要棒，在别人没想到之前先想到，要签更多的单，超越老板的预期，让老板惊喜。

老板想要 60 分，你竟给了 90 分。这样的员工才是老板想要的、会提拔的人才。

● **做让老板最满意的员工**

在企业里永远只有一个主角，老板。

很多人喜欢把“工作”称为“给老板干活儿”，虽说是玩笑话，但里边多少也有些真实的想法。俗话说“干活儿不由东，累死也无功”。你干的活儿，东家——也就是老板不满意，或是老板的老板不满意，再辛苦又有多少价值呢？

所以，员工的职场未来可以浓缩为一句话：做老板最满意的员工。

职场上，有两种人得不到提升：一种是不肯听命行事，一种是只肯听命行事。很显然，这两种员工都不会让老板满意。

昔日的“听命行事”不再是“最满意的员工”模式。今天职场中的老板，根据职场所需，对“最满意的员工”模式重新设计，铸造出“不必老板交代，积极主动做事”的新一代好员工的标准。更为重要的是，努力的方向，应该符合老板的期望。

如果你想要给别人一份惊喜，首先要清楚对方想要什么，正所谓投其所好，这是惊喜的基础，无论你是给自己身边的朋友、家人，还是客户、公司的老板，如果你的老板期待你做出好的业绩，即使你每天早早来到公司把办公室打扫得很整洁，也没有用处，因为你没有抓住对方的期望。

那么如何才能知道老板的期望是什么呢？

用心。

公司的老板即使再优秀，也是普通人，他的心也是肉长的。当你把自己摆在老板的位置上，设身处地地去想就完全可以看透老板的心。当你琢磨透了老板的心思以后，你在老板心中的地位也就随之上升。正所谓志同道合。有了共同语言，你和老板的关系才能更加密切。

若想做让老板最满意的员工，一定要努力去理解老板的言辞及其含义。仅仅懂得事实还不够，既要用耳朵去听，还要用心去听，这样才能明白老板言辞的真正含义，从而在结果上给老板带来惊喜。

惊喜激发职场正效应

在我看来，公司里的员工可以分为三类人：人手、人才与人物。

人手是那些时刻等待命令的下达，上级给安排什么就做什么，不安排绝对不做事的人；人才就是每天积极主动做事，将公司的发展时刻放在心上的人；人物就是全神投入，用灵魂做事，必须要和老板一起做一番事业的人。

这三类人给公司带来的影响分析得到以下结果：

企业倒闭靠人手；

企业发展靠人才；

企业做大靠人物。

这三者的区别，恰恰能从惊喜效应中找到答案。

● **惊喜激发正效应**

今天，很多职场人的状态基本上是“眼高手低”，觉得自己被大材小用了，不满于公司的待遇。其实，起点低并不可怕，关键是如何迅速提升自我能力，尽快缩短从“人手”到“人才”，再从“人才”到“人物”的过程。

心中有责，眼里才会有活儿，只有你能将公司的荣辱成败真正放在心上，才能看得见需要做工作的地方——也正是因为你能看到、想到、做到的地方是他人所看不到、想不到、做不到的，所以你才能带给领导一个惊喜，换来一个领导给你的惊喜。在这个不断惊喜与被惊喜的过程中，你也会成功地完成由“人手”到“人才”再到“人物”的完美蜕变。

有的人对自己的工作怀着极大的热忱，领导想到的他提前就做好了，领导想不到的他也能积极主动地去做，并且还会针对其出现的问题进行归纳、汇报等。这无疑会给领导带来大大的惊喜。

物理学上说，力的作用是相互的。其实在社会上人与人之间的感情也是相互的。你今天用出色的业绩与效益给了领导一个大惊喜，说不定明天领导就会礼尚往来，也还你一个同样的大惊喜——升职了，或者加薪了。

在职场和管理中，领导和员工之间的关系一定是这样才是最好的效应，这是正效应。

那么，员工如何给老板带来惊喜呢?

在这里，我们需要做好四点：

1. 多一点

著名投资专家约翰·坦普尔顿通过大量观察研究，得出这样一个结论：“取得突出成就的人与取得中等成就的人几乎做了同样多的工作，他们所做出的努力差别很小——只是多做一点。但其结果，所取得的成就及成就的实质内容方面，却经常有天壤之别。”

成大事者都有自己的原则和风度，那种斤斤计较的、眼高手低的职员，是绝不会受老板青睐的。那种完全按照公司规定干活儿，没有自己的进度也没有自己主意的人，所做的只是机械地工作，也将很难出人头地。你只有学会在工作中多做一点，才有可能成为众人眼中的优秀员工。

2. 好一点

我们做任何工作都应该高标准要求自己，永远不要把自己的眼光局限在老板要求你做的样子。

想要给老板惊喜，就应该把工作标准定在让老板满意之上。老板下达的每一件任务都争取做得好一点，比老板的预期好一点，比其他同事好一点。坚持这样下去，不仅自己的能力得到提高，老板也会越来越认可。

3. 快一点

没有老板喜欢拖延的员工。在老板的思维里，时间就是金钱。老板看重时间，同时更希望自己的员工为自己省时间。员工如果在保证工作质量的基础上，能提前完成工作任务，很容易会得到老板的认可。

同时，工作快一点，也是给自己惊喜。提前完成工作任务，对我们而言，就有了更多的时间可以支配，可以更好地经营自己的工作和生活。

4. 省一点

任何老板都有很强的成本意识，他们都想“花小钱办大事”。

想一想，如果有一位员工有成本意识，像居家过日子一样，懂得为老板省钱，老板能不开心吗？

所以，员工要有成本意识，用最小的成本去做事情。

● 将自己的理想融合到企业的愿景中

中国有句古语："道不同不相为谋。"

公司的目标、文化就是公司所有员工工作的"道"，只有员工把公司的"道"视为自己工作的"理想"，对公司有一种认同感，整个公司才有凝聚力和竞争力。因此，公司在考察一个员工的时候，首先就会考察员工是不是与公司志同道合。一个志同道合的员工，才有更好的责任心，才能更好地工作，也才能在工作中为老板制造想要的惊喜。

员工与公司的志同道合就是员工对公司的认同，一般有四个发展阶段：生存认同、行为认同、情感认同和价值认同。

在生存认同基础上拥有共同"方向"，并且为共同的方向而努力做到"行为认同"，最后达到公司员工心中共同的愿望——"情感认同"和"价值认同"。

一个员工首先要认同公司的企业文化和价值观，其次才能做到维护公司的利益。

对公司的认同感可以使员工对企业的目标、准则产生一种使命感和自豪感，潜意识里能激起我们的工作热情和向上的进取心。这样，我们自身价值在公司里也能够得到充分的体现，我们的需求就能得到适时的满足，从而也能够实现我们更高的目标。

大家翻开那些现在比较知名的企业，IBM、海尔、华为、联通，它们在发展的历程中并非一帆风顺，也曾一度陷入困境。但是，在这个最艰难的时候，有的员工为了寻找更好的机会而选择了离开，有的却为了责任而选择留下来。结果正是这些选择留下来的人，齐心协力共同奋斗，最终让企业起死回生、步入发展的快车道。

在企业发展的同时，这些员工个人也得到了自己应有的职务升迁。他们的做法才是真正富有远见的。

职场中的“争”与“不争”

在职场中混得风生水起的达人，大多有一套“争”与“不争”的哲学。在职场中处理好“争”与“不争”的问题，便能让上司、下属、平级同事以及自己惊喜。

● **职场三不争原则**

古语有云：“夫唯不争，则天下莫能与之争。”

很多时候，生活就是这么奇妙：处处争强好胜之人，偏偏就是很难得到他想要的东西，而当一个人能不过分计较这些身外之物时，他反而能迎来自己另一番更广阔的天地。

某地产集团运营经理，与下属群策群力，历经半年，终于圆满地完成了一个项目。上级过来检查工作时，该经理夸夸其谈，将功劳全扣在自己头上，好像全靠他才完成了如此壮举。上级大喜之余，当然在公开场合将他好一顿表扬，并许诺给他各种奖励。

但下属们不乐意了：“这明明是大家的功劳，竟被他一个人揽去了！”下属们对这种阴险狡诈的自私鬼非常失望，从此跟运营经理离心离德，不管做什么都不再配合他。还有许多人给上级写检举信，揭发他的错误，暗地发誓，不打倒他决不罢休。这让该经理陷入了极度恐慌之中。

人们说，成功者最大的成功就是他们懂得“舍得”的道理。当一个人在职场中学会了推功揽过这一手段，并将此运用到不管是上级，还是与同事或是下属身上，都无疑给他们带来了一个大惊喜。

从表面上看，推功揽过似乎是有所“损失”，但你的“貌似损失”却换来了他人的“实质惊喜”，而由此产生的“惊喜效应”所带来的收益也是非同一般：有助于与公司同事或下属形成相互信任、相互支持、相互谅解的心理环境；形成相互激励、相互推动的向上力量；给下属以信心和鼓励，让下属放下包袱，与领导同甘共苦，进退一致。“不争”带来的惊喜足以让你在职场上风生水起。

我将职场“不争”总结为三点，称其为“职场三不争原则”。

1. 不与上级争锋

不与上级争锋。这不仅仅是给上级留足“面子”的问题，更是在维护领导者权威。

有些职场人比较自负，即使是到上级那里，也会不自觉地表现出强势，最后断送了自己的前程。历史也告诉我们不懂得“藏锋显拙”的人一般下场都不好。

2. 不与同级争宠

同级之间，既有竞争也有合作，但为了争做领导面前的大红人而每天无中生有、造谣生事，贬低同级、抬高自己，那争到的也是虚名浮利，长久不得，既损人又不利己。

3. 不与下级争功

与下属争功可以说是领导者的大忌，如果你能做到领导层，下属为你创造利益，为何还要吝啬一点点荣誉呢？常言道“士为知己者死，女为悦己者容”，其实领导者最需要的是胸怀，或者说格局，私心太重，争功诿过的领导者总是被人瞧不起的。

职场中的“不争”哲学其实并不是让你放弃你应该得到的东西，而是用这些来换取职场最宝贵的资源——机会。一个聪明的职场人懂得在合适的时机推功揽过，并以此来给上级、同级和下级制造出意外的“惊喜”，同时也为自己换取了难得的职场机会。

● **职场中的争**

同不争相对，职场中也有争。职场中的“三不争”让我们左右逢源。光有不争还不行，职场中也要有争。不过，在这里，不是争宠、争利、争功。

我将职场中的“争”也总结为三点：

1. 争力

老板都想有努力、上进的员工。这样的员工踏实肯干，是公司发展的保证。

不努力、不积极上进的员工，即使能力再强，也很难得到老板的认可。因此，作为员工，在职场发展中，要付出比别人多一分的努力。

2. 争时

职场中，时间观念很重要。不会管理自己时间的员工，工作效率不高，结果也不会多好。

作为职场人士，我们要珍惜时间，最大限度地利用好自己的时间。做同样的事情，在质量相同的情况下，比同事用的时间少，就是能力和努力的表现。老板看工作质量的同时，也在乎你所用的时间。没有老板希望自己的员工拖延工作，尤其在有其他员工做对比的时候，对在时间上食言的员工是难以容忍的。

3. 争责

这里的责有两个，一个是责任心。

职场中，责任心很重要。一个行为拖沓、态度散漫的员工，是缺乏责任心的表现。员工有责任心，才能更好地完成工作。在工作中，我们要带着强烈的责任心去做事，不做团队中责任心缺乏的人。

争责除了要争责任心，还要争责任。

团队中合作，你承担多少工作，就要负多大的责任。出了问题，不要光想着把责任推卸到同事身上，要学着多担当。这会让领导看到你的气度。而有了功劳，要做到不争，你做了多少事情，老板看得很清楚。

工作中，积极地争力、争时、争责，就能在工作过程和工作结果上给老板带来惊喜。老板看到一个比其他员工更努力、更懂得利用自己的时间、更有责任心、更能担责任的员工，自然重点提拔，把机会给他。

“给同事惊喜”同样重要

在职场中，如果说客户关系决定你的业绩，那么同事关系将决定你在公司的地位。若想在职场中获得进一步的发展，良好的同事关系不可少。我们说的口碑型人才，不仅让客户惊喜，让领导惊喜，还要让同事惊喜。

● **困难时给予帮助**

很多人一辈子都认为自己“了不起”，所以他一辈子都“起不了”。

有的人非常相信自己的实力，他们遇到困难时不肯向人求助，也绝对不会在别人遇到困难时好心地伸出手去帮助。

我行我素在现代职场是行不通的，一个懂得配合的人才能很好地完成团队目标。很多时候，帮助别人就是在帮助自己，而把别人拒之门外就是在孤立你自己。

现代职场，人与人之间的关系常常以利为先，关系的复杂与现实让很多人对职场失望。然而，如果你在同事遇到困难的时候，适时地伸出双手真诚地帮助他，这对他而言，就是一个惊喜。这个惊喜有利于职场中人际关系的和谐，很大可能会成为你升职加薪道路上的敲门砖。

小赵性格活泼，为人比较热心。同事遇到什么事情，小赵总是热心帮忙。有人说小赵傻，职场险恶，顾自己才是关键。这个时候，小赵总是无所谓地笑笑，顾自己也要顾别人，这是小赵职场工作的信念。

后来，公司在年底要在部门选出一个先进个人，选上的员工有丰厚的奖金。最后，小赵便被部门同事推荐了上去。主管说，光凭帮助同事、团结他人这一条，先进个人就已经当之无愧了。

在工作中，你要帮助别人，要有团队意识，更要具备一种团队精神，这要求你多一些无私，少一些固执，对团队主动负责，和每个成员和谐相处。看看那些大雁，以“人”字形飞行，就比一只雁单独飞行要省力，也就能飞得更远。职场上也是这样，当你学会与人合作，你就可以走得更远。

要知道，在专业化分工越来越细、竞争日益激烈的现代职场，靠一个人的力量是无法面对千头万绪的工作的。如果你能把自己的能力与别人的能力结合起来，就会取得令你意想不到的成就。

一个哲人曾说：你手上有一个苹果，我手上也有一个苹果，两个苹果交换后，每人仍然只有一个苹果。但是，如果你有一种能力，我也有一种能力，两人交换的结果，就不再是一种能力了。

一加一等于二，这是人人都知道的算术题。可是，用在人与人的团结合作上，所创造的业绩就不再是一加一等于二了，而可能是一加一等于三、等于四、等于五……当你的团队强大时，你也绝不会弱小。如果你的团队弱小，不管你个人怎么强大，也会不可避免地被团队拖住后腿。

在职场，你越是乐于助人，越是善于和人合作，你的工作成绩就会越好，因为总是有“贵人”相助。几乎所有大公司在招聘新员工时，都十分注意该员工的团队合作精神，他们认为一个人是否能和别人融洽相处与协作，要比他个人的能力重要得多。

需要注意的是，你可以帮助别人，但不要动不动就去寻求别人的帮助，那些你可以单独解决并完全有把握做好的事情，你就自己去做。如果你习惯于在任何小事上都麻烦别人，那么不仅无法和别人建立感情，还会让人觉得你这人处事能力过于低下。久而久之，就没有人愿意和你搭档做事了。也就是说，你需要自助，也要乐于助人，这样你才会赢得应有的尊敬，才会在职场中无往不胜。

其实，帮助别人可以让你得到快乐；而接受别人的帮助可以让你多一些感恩之心。你不用总是表现得那么强势，当你伸出手，和别人友好相握的时候，你会得到意料之外的更多收获。

● 没事多做一点，你吃亏，他人惊喜

冯易和章泉共同接手了一个项目，要在月底完成。

可是，就在项目接近尾声的时候，章泉有事，需要请假。然而，领导从公司大局出发，并不批准章泉的假期。

这个时候，冯易对领导说：“项目快要完成了，难题也已经解决了。后面的，我一个人可以负责。”

章泉很是感激冯易，同时也有些不好意思。冯易则无所谓地说：

“我多做一些没有什么。”

这份惊喜让章泉记住了冯易的好，在以后的工作中，他都尽可能地为冯易提供帮助。

与同事合作，不可避免会出现有人多做、有人少做的情况。其实多做一点，你并没有吃亏。你吃了亏，给同事带来了惊喜。

工作中，有的人喜欢“看菜下饭”，领多少工资，干多少活儿。在这样的人心里，自己永远都是吃亏的，公司给的永远那么少，他自己付出的永远那么多。

其实这世上没有绝对公平的事情，你想在明天少干活儿，就得在今天多干一点。你希望当老板赚大钱，就得从现在开始提升专业技能，积累工作经验。这世界从来没有白干的活儿，在工作中多做一点，也不会让你少什么，相反，你的任劳任怨还会给老板和同事留下很好的印象。

新东方教育集团的带头人俞敏洪就讲过这样一个故事：他在上学的时候，每天都为宿舍打扫卫生，以至于哪天他不扫了，舍友还会理所当然地怪他偷懒。后来，舍友们有了什么琐事也都会交给他，而他也总会认真地去做。再后来他决定自己做企业，由于公司人才储备不足，他就给当年那些舍友打电话，彼时他的舍友都在国外领着高薪，从事着让人羡慕的工作。但那几个舍友为了表示对他的支持，都毫不犹豫地辞了工作，齐心协力帮他打天下。现在新东方成为国内首屈一指的教育机构，这和那些舍友的鼎力相助不无关联。

俞敏洪感慨地说：“没有什么事情是白做的！”

● 用小惊喜“收买”你的同事

李瑶从外地旅游回来。到了公司，便挨个儿给部门同事派发礼物。要知道，李瑶刚到公司没几个月，平日里大家工作比较忙，接触并不多。这让部门的同事们很惊喜。并且，更让他们惊喜的是，李瑶送的礼物都是他们喜欢的。原来，李瑶在刚来上班，就向部门一个关系比较好的老员工打听了所有人的喜好，这才没让大家失望。李瑶颇有心意的礼物收买了部门同事的心，大家都主动同这位刚来的女孩熟识起来。

职场中，我们接触最多的便是身边的同事。经常给同事制造点小惊喜，很容易拉近同事之间的关系。

同事之间，惊喜的制造不用很麻烦，很多时候，一件小事就可以。比如，在得知同事生日的时候，真诚地送上一句“生日快乐”。如果平日里关系不错，可以送上一份小礼物；同事生病或者工作中受委屈时，关心几句；节假日时，亲自编辑一条短信；旅游时，为同事买点当地特色的小礼物……

这些小事做得好，对同事来说都是惊喜，很容易便能建立良好而和谐的同事关系。

和谐的同事关系，能让个人的职场生涯获得来自各方的帮助和支持。更重要的是，和谐关系构建了最佳的工作环境，使职场中少一些摩擦，多一些协作，产生最佳的工作效能。

第七章 惊喜效应在生活中的应用

惊喜效应不仅可以运用到企业中，还可以运用到生活中。夫妻感情不合、婆媳关系不合，这些都会导致一个家庭的破裂。在婚姻生活中制造点惊喜，就能起到很好的润滑作用。

破译增进夫妻感情的情感密码

美国一所大学里，一位心理学教授把一位女生叫到讲台前，让她在黑板上写下 20 个自己觉得最难以割舍的人。女生很快便写下了这 20 个人。

教授说："请你划掉你觉得最不最重要的一个人。"

女生想了想，划掉了她的一位邻居。

教授又说："请你再划掉一个。"

这时，女生划掉了她的一位同事。

依次下去，最后黑板上只剩下四个人：女孩的父母、丈夫，还有自己的孩子。

教授继续说："请再划掉一个。"

女孩的手有些颤抖，思考了很久划掉了自己的父母。

最后，黑板上只剩下两个人：她的丈夫和孩子。

教授还在继续："请再划掉一个。"

女孩惊呆了，脸色苍白，最后痛苦地划掉了自己的孩子，大声哭起来。

教授等待女孩情绪平静后问她："和你最亲的人应该是你的父母和孩子，他们和你有血缘关系，父母生你养你，而孩子是你的血亲。可是，你为什么最后却选择了你的丈夫？"

女孩平静地说："随着时间的推移，父母会渐渐老去，最后离我而去；我的孩子也会渐渐长大，也会离我而去；只有我的丈夫能陪我度过一生。"

● **婚姻≠爱情的坟墓**

不少人觉得"婚姻是爱情的坟墓"。更有人说："童话故事给我们的启发是青蛙变成了王子，而婚姻给我们的教训是王子又变回了青蛙。"

其实，这种思想是错误的。虽然很多如胶似漆的爱情在最后走向了离散，但是，并不是因为婚姻的终结，而是不懂得经营。正如这个心理实验中女生说的那样，只有夫妻才能最终相伴走到最后。

这个现实很多人都知道，可是，他们常常不去珍惜，眼睁睁地毁灭自己手中的爱情，摧毁眼前的婚姻，让那个本可以陪伴自己一生的人提早退场。

近几年，我国国内婚姻情感类的节目很多。我们从电视中看到很多问题夫妻把家庭的闹剧搬上银屏。夫妻之间相互指责、埋怨，本来最为亲密的两个人却不伤害彼此誓不罢休，看着都让人心寒不已。我们身边肯定有朋友热衷于看这些节目，也有朋友希望能从中找到破译增进夫妻感情的情感密码。可是，综艺节目中的现实不能给我们什么好的提示，一些专家无关痛痒的三言两语不能给我们提供有效的方法。

其实，真正好的婚姻不是感情由浓转淡，而是由浓变得更浓。因为，彼此在经过磨合之后，会越来越在乎对方，越来越觉得两个人走在一起很难得，从而变得更加珍惜彼此。

可是，不少人并没有这样的认识。

有研究表明，夫妻结婚的第一年是新鲜期，2 到 3 年是危险期。3 年后孩子出生，婚姻便会走向父母之爱。这个时候，夫妻双方很容易会因为养育孩子的问题而发生争执。据调查，50% 的夫妻会因为孩子而进入下一轮的发展期，20% 会因为感情不和分开，另外 20% 会分开过，其中 10% 会长期分居。而在结婚 9 年后，70% 的夫妻感情趋于稳定，30% 会因为各种原因感情出现裂痕。在结婚 12 年后，80% 的夫妻之间不再有甜言蜜语，这个婚姻已经失去了浪漫和激情。10% 的夫妻会怀疑自己当初的选择，只有 10% 的人会继续恩爱。过了 15 年后，90% 的夫妻不会离婚。而挺过了 50 年，近 100% 的夫妻不会离婚，大部分会重回初恋时的美好。

从这个研究我们可以看出，婚姻的新鲜感很短，其余的时间处处充满着危机。

所谓“十年修得同船渡，百年修得共枕眠”。走到一起的夫妻不容易，在生活中的每一天，我们都应该好好经营，想方设法增进彼此之间的感情。

● **用惊喜增进夫妻感情**

很多结婚多年的夫妇常常会陷入这样的一种想法中：已结婚多

年，根本不需要花心思取悦自己的另一半。美国的一位心理学家佐特布罗指出，这种想法是错误的。他认为每一对夫妻，即使已经老夫老妻甚至儿女成群了，都应该适时地制造罗曼蒂克的气氛，这样可以让彼此都回想起恋爱时的甜蜜，将会增加夫妻之间的感情。

我非常赞同佐特布罗的这个说法。因为，美满的婚姻生活离不开罗曼蒂克。在制造婚姻生活中的浪漫上，惊喜是个好帮手。

苏珊和老公皮特结婚 20 年，他们的孩子都快大学毕业了。

这天，苏珊正在整理院中的花草。

她的丈夫皮特匆忙地从车上下来，快步地走到她的身边说："快，去收拾衣服，我们去度假。"

苏珊有些莫名其妙："度假？去哪儿？"

丈夫神秘地一笑："到时你就知道了。快来不及了，我们 10 点一定要到达机场。"

苏珊被丈夫催得急，不再细问，便急忙地收拾东西。

到了机场苏珊才知道，他们要到马尔代夫去度假。

苏珊很意外，更是惊喜。因为马尔代夫是他们结婚度蜜月的地方，那个时候，他们在那里度过了浪漫的半个月，是苏珊最美好的回忆。

到了马尔代夫更让苏珊惊喜的是，丈夫皮特再现了当年蜜月的场景。同样的酒店、同样的房间、同样的烛光晚餐和海边浪漫的散步。苏珊感觉自己一下子回到了当年的幸福时光。

生活需要惊喜，婚姻更需要惊喜来调剂出浪漫和激情。

出乎意料地使对方惊喜，常常会起到婚姻“兴奋剂”的作用。因为意外的惊喜能够带给对方新鲜感，同时，惊喜更能让对方体会到浓浓的情意。

比如，在生活中做一些小小的改变，换个发型，或换一种风格的衣服，偶然示弱、撒娇，创造一个对方没有准备却很喜欢的活动，上班前来一个甜蜜的拥吻等，这些异于平常的举动做得好，在另一半的眼中都是惊喜，都会给他们带来不一样的体验。

有一对夫妻，深谙婚姻中惊喜的重要，两个人经常会特意地给婚姻带来点惊喜。

双休时，正赶上天气好，他们会选择到郊外踏青、烧烤，享受大自然的美好；放长假的时候，会驾车来一次漫无目的的旅游；当感觉双方关系需要调节的时候，就分开居住，偶尔制造点突然拜访的惊喜……夫妻二人通过这些给平淡的生活注入了新鲜的活力，二人的感情经过多年之后还和最初一样。

不过，在婚姻生活中制造惊喜的问题上，男性和女性常常出现矛盾。

在谈恋爱的时候，男性多充当惊喜的制造者，而婚后，男性制造浪漫惊喜的情商会迅速降低。这个时候，女性在婚后对惊喜的需求保持着同婚前一样的高涨情绪，甚至比婚前更甚。这个时候，双方之间便会出现一种对惊喜的不平衡，从而产生矛盾：女性抱怨男性婚后变了，不在乎她了，而男性则怪女性不知道体谅自己。这个时候，就需要夫妻双方理解对方，共同寻求解决问题的办法。

在制造惊喜的角色方面，有人觉得，妻子应该主动地担当惊喜的制造者。因为女性心思比较细腻敏感，善于发现生活中的小细节。男人在婚后会因为工作压力而无心顾及这些。其实，并不是这样的。婚姻需要两个人来经营，同样，惊喜也需要两个人来制造。

“小别”的惊喜胜“新婚”

夫妻之间会存在这样的矛盾心理：长期待在一起，会觉得腻，看彼此都不顺眼，而不待在一起，又会对对方牵肠挂肚。

很多人都追问，爱情是否有保质期？其实，爱情保质期的问题就是新鲜感由浓转淡的问题。两个人在一起久了，感觉会越来越淡，缺点会越来越显露。所以，婚姻才有所谓的三年之痒、七年之痛。

● 婚姻中“小别”的距离

现代社会，有的夫妻为了保证高质量的婚姻生活，会选择“5+2”的生活方式。所谓“5+2”的婚姻生活，就是在一周的7天里，5天的工作日时间是独自度过的，双休日再生活在一起。当然，独自度过工作日并不是互相不联系，而是通过电话、短信、偶然一同吃饭进行沟通。

国内一家媒体曾经对青年夫妻这种“5+2”的生活方式做过调查，大部分的人比较推崇这种生活方式，他们多在婚姻生活中渴望独立，并且不少人觉得这样有利于生活和事业的双丰收。

“5+2”的婚姻生活方式正好印证了我们的一句古话“小别胜

新婚”。

其实，“小别胜新婚”这句话并不是没有道理。我们古人说，一日不见如隔三秋。这句话放在有感情基础的夫妻之间，更是深刻。于是，小别之后彼此之间会更加甜蜜。

心理学中有一个刺猬法则：两只刺猬因为寒冷而抱在一起取暖。可是，因为各自身上都有着刺，紧挨在一起只会彼此伤害。几经折腾之后，两只刺猬保持了一定的距离，尽管依旧天寒地冻，但是它们却睡得很香甜。

刺猬法则告诉我们：人与人交往要保持在一定的安全距离，无论多么亲密，超过了这个距离，彼此都会觉得不安全。所以，从这个角度来解说，朝夕相对的夫妻也要在彼此之间寻找一个安全距离，为自己的爱情和婚姻保鲜。

在我看来，在传统的婚姻模式中，“小别胜新婚”很有必要。在度过一段平淡的生活之后，有意识地离开几天，比如旅行，回父母家小住，很容易会培养对方对自己的思念，然后再欢快地相聚。

不少婚姻专家认为，婚姻保持新鲜感的秘诀就是距离。距离产生美，小别的夫妻更容易从距离中重新找回昔日的感觉和激情。

● **用小别的时间制造惊喜**

婚姻中，这个小别既能给彼此自由的个人空间，又能保持婚姻的新鲜感。

但是，现实中却出现了这样的情况：

一对夫妻结婚一年，可是两个人一起生活的时间却不足四个月。

丈夫工作比较特殊，需要经常出差，一出差经常就是十几天。这让新婚的妻子很是不满。在最开始还是“小别胜新婚”。可是，久而久之，妻子很不满，每次丈夫回来的新鲜劲也都消散不见了。夫妻二人都觉得这样的婚姻生活很不好。

并不是所有的“小别”都胜“新婚”。有心理学家研究发现，夫妻双方的一人经常出差，不一定会产生“小别胜新婚”的感觉。相反，因为经常外出，很容易让另一方产生怨言，进而使婚姻出现裂痕。

这个时候，如果还想让“小别”之后带来“胜新婚”之感，这个时候，就需要用一些技巧——惊喜效应。

在“小别”中制造惊喜对任何种情况的“小别”都有效。因为，“小别”的夫妻由分开到重新在一起，本来就存在的感情和对彼此的思念产生化学反应，增添双方的新鲜感。如果这个时候，“小别”中能够制造惊喜，将会让夫妻之间的关系更加甜蜜。

一对夫妻结婚五年，同所有的夫妻一样，他们也从最初的甜蜜转为平淡。

临近第五个结婚纪念日的时候，丈夫回了老家，一待就是一星期。其间，妻子打电话好几次都想提醒丈夫他们的结婚纪念日就要到了。可是，想想前两年，每一年的结婚纪念日都是她提醒的，便决定这一次不提醒，看看他是否记得。

结婚纪念日的头一天，丈夫还没有回来，到了晚上，电话也没有一个。妻子很失望，觉得婚姻被两个人经营成这样也要考虑怎么办了。

妻子伤心了一晚上，第二天一大早就听到门铃声。

妻子以为是丈夫回来了，激动跑过去开门，门打开却是陌生的快递员。妻子失望地接过包裹，关上门，打开一看，竟然是蛋糕，蛋糕上面画了一张笑脸。妻子有些疑惑，并不知道这个蛋糕是谁送的。妻子立马想到自己的丈夫，转念又否定了，觉得这肯定不是丈夫送的。又过了一会儿，门铃再次响起，妻子又激动地开门，却是捧着一束玫瑰的快递员。妻子签收过花，心里想不会真是丈夫吧。可是，她礼物都收了，电话却一点反应都没有。

临近中午，门铃第三次响起，老婆有气无力地打开门，竟意外地看见抱着大礼盒的丈夫气喘吁吁地站在门外。

丈夫捧着礼盒对妻子说：“亲爱的，对不起，我回来迟了。”

妻子这才知道，原来蛋糕和花都是丈夫提前准备的。而丈夫早在两天前就处理好了事情。这一次，是专门要给妻子一个惊喜。

丈夫巧妙地在“小别”中给妻子送上了一个浪漫而又充满惊喜的结婚纪念日，让妻子感动不已，觉得自己的婚姻又重新活了过来。

对于任何一对无论是在激情还是在平淡阶段的夫妻，都要学着为自己的婚姻制造“小别”。然后，好好地利用一次难得的“小别”。这个时候，不妨在“小别”回来之后，送给对方一份心仪已久的礼物，或者相约一同看一场电影等，这些都是制造惊喜、创造浪漫的好手段。

一道菜的惊喜能影响婆媳关系

我国自古就说“十对婆媳九不和”。有人甚至说，婆媳自古以来就是天敌，是不可能和平相处的。抱有这个观念的人，大多婆媳关系处得不好。而婆媳关系处不好，同外遇一样，严重破坏夫妻感情。

婆媳关系复杂。但是，有时候也很简单。可能，就在一道菜上面。

● 一道菜里的婆媳相处之道

我有一个女性朋友，每当遇到身边的女性朋友和她抱怨“婆媳是天敌”“婆媳就是猫和老鼠”，她都要进行反驳。因为，结婚十几年来，她和婆婆相处不仅相安无事，还情同母女，连老公都嫉妒不已。

一次饭局，她对我们说：“婆媳的相处，其实就在一道菜上。”

朋友和她老公是大学同学。两人谈恋爱第一次见家长时，婆婆欢天喜地地为她准备了一桌丰富的饭菜。

吃饭时，朋友每吃一道菜都说一句：“太好吃了！”夸得婆婆很开心。当然，朋友并不是在扯谎，她婆婆厨艺确实不错，烧得一手家常菜。

都说厨房是女人的天地，十年媳妇熬成婆，在厨房这个天地里奋斗了几十年，被夸赞做饭好吃，这就是她的业绩，自然是惊喜万分。

从那时开始，朋友就和她的婆婆打好了初步的关系。

后来，朋友结婚，更是下足了和婆婆打好关系的决心。

朋友结婚之前没下过厨，对厨艺是一窍不通。一次，她择菜时把菜叶全部去掉了。婆婆看到不高兴，小声嘟囔了几句。面对这种情况，如果换作其他媳妇，估计当时就不开心了。可是，我朋友却和婆婆赔着笑脸说："妈，做饭什么的，我以前做得少，很多都不会，您要多教教我。"

一句话说得婆婆很开心。

我这朋友也是说到做到。她不会做饭，可是，在婆婆做饭的空当绝不会闲着等饭吃，而是打下手，站在一旁认真看，时不时夸几句，遇到不明白的问上几句，让婆婆感觉到她的用心，也愿意耐心地教。就连现在，她还时不时地要婆婆秀一把厨艺。

你说，这样的婆媳关系能相处不好吗？

其实，婆婆要求不多。你让她顺眼顺心，她自然给你惊喜——把你当女儿一样看待。

有人用"一碗汤"的距离形容婆媳之间的距离。其实，婆婆同媳妇之间，真的就是一碗汤、一道菜的距离。婆婆做一道菜，你夸好，婆婆惊喜，感觉你贴心懂事，和她是一个战壕里的人；如果你做了一道合婆婆心意的好菜，或者做了一碗热汤，端过去温度正好，婆婆自然也惊喜，觉得你孝顺能干。

● 婆媳之间的应有之情和真有之情

从社会心理学的角度来解说婆媳关系，我认为婆媳之间有两种感情，一种是应有之情，另一种是真有之情。

所谓的应有之情，是指在亲子、夫妻、手足之间，这种以角色身份而规定的感情。而真有之情就是抛开身份的限定，在不断接触与交往中形成的个人恩怨，以及对他人的爱憎好恶。

一般来说，在一个家庭的相处之中，我们既要有应有之情，更要有真有之情。

这个时候，婆媳之间就产生了矛盾。处在婆婆的这一方在应有之情的基础上，更加强调真有之情：我是婆婆，你不仅叫我妈，更要像我的儿子一样孝顺我，听我的话，不能顶嘴，更不能不满；儿媳妇这一方对待婆婆则偏向于应有之情：我叫妈，但是我们没有血缘关系，我不是你从小带到大的，不能因为结婚，就要对你百依百顺，我对自己爸妈也不这样呢。

于是，双方强调的感情得不到满足，日子久了，自然就矛盾重重。

其实，婆媳之间在强调应有之情的时候，更要强调真有之情。应有之情是对彼此之间关系的约束，而真有之情让彼此之间的关系更加稳固和真诚。

● 用惊喜效应打通婆媳关系

其实，同婆婆相处与同自己妈相处一样，一个很小的事情，比如，一句“您辛苦了，休息休息，我来忙”“您烧的菜真好吃”“天冷了，我给您买了一条围巾”等，这些都能让婆婆心里暖暖的。

在这里，我具体来说说如何融洽婆媳关系。

从儿媳妇进门的那一刻，婆婆心里就本能地产生了一种期待：儿媳妇就应该像儿子、女儿那样孝顺我。

作为儿媳妇，婆媳关系融洽的第一点，就是要满足婆婆的这种期待，像对待生养自己的父母一样对待婆婆。

而这时，如果我们给婆婆制造惊喜，不仅能满足婆婆的预期，同时还很容易把婆媳关系上升为母女关系。

小赵同婆婆关系相处得不错，两个人经常一起逛街，没事还一起做美容。不知道的人都把婆媳二人当成母女。

在婆媳相处上，小赵总结一条："婆婆对你越吝啬，你就要对婆婆越大方。"

中秋节就要到了，老公对小赵说："过节要给老人多少钱？要不就 800 元吧。"

正在整理衣物的小赵头都没抬地说："800 怎么够！给 1500 吧，老人有需要就买点东西，没需要存着也好。"这话让老公听得特别顺耳。

过节回家吃饭，夫妻二人把钱递给老人。老人说："挣钱不容易，给我这么多我也花不完。"

小赵说："没事，您辛苦了一辈子，是享福的时候了，我们给多少都不多。"

小赵老公也在一旁说："就是。当初我要给 800，小赵说多给点。"

700 元的惊喜，小赵不仅让老公觉得自己乖巧懂事，也赢得了婆婆的心。

很多人说，给婆婆制造惊喜很麻烦。婆婆很挑剔，最后的结果不仅是没有惊喜，反而招来一顿数落。出现这样的结果只能说，你给婆婆的惊喜，并不是她想要的，没有把握好两个关键点。

1. 从老人角度出发

在这里，我来说一个听来的故事。

一儿媳妇从香港出差回来，为了拉近婆媳之间的关系，特意给婆婆买了一件衣服。

婆婆接过礼物欢天喜地地打开，衣服颜色、款式都喜欢，穿在身上也很合身，直夸儿媳妇孝顺，眼光好。

可是，在把衣服收下叠好之后，婆婆无意间问了一句："衣服花了不少钱吧？"

儿媳妇笑着说："不多，也就 5000 块，只要您穿得高兴就成。"

老人家一听价格，脸色变了，当时就数落儿媳妇不会过日子。

儿媳妇给婆婆买衣服本是一片孝心，最后却招来婆婆的一阵数落，当时也火儿了，便和婆婆吵了起来。最后，孝顺的丈夫也被卷了进去，掀起了一场家庭大战。

婆婆收到礼物本来挺惊喜，但是，礼物的价格超过了自己的承受范围，惊喜之情也荡然无存。

其实，在这个故事中，儿媳妇是好心，只不过，因为没有站在婆婆的角度考虑，婆婆都喜欢勤俭持家的儿媳妇，这才导致了家庭矛盾的大爆发。

在现实生活中，不少人会遇到这种事情。一片孝心给婆婆买了礼物，却被对方挑剔。最后，弄得大家都不开心。其实，婆婆本来的期待是你要像儿子、女儿一样孝顺我。这个期待的关键，是孝顺。很多时候，礼物的多少、轻重她们并不看重，只要你能想着她们，并恰当地表达出来，她们都会觉得欢喜。

这就好比你掌厨做饭，完全按照婆婆的喜好、口味去做。婆婆即使嘴上不说，心里也能感受你用心的“讨好”，不会不领情的。

2. 认同老人

秦阳同婆婆关系处得还不错。

这天，婆婆从老家赶过来，给秦阳5岁的儿子带来了两双自己亲手做的布鞋。

秦阳把鞋子接过去，扫了一眼便放到了一边，对婆婆笑着说：“妈，您还做这干吗，多土啊，现在哪还有人穿！”

秦阳的一句话说得婆婆心里很难受，情绪低落地说：“是啊，多土！”

因为年龄、经历的差距，媳妇的思维和眼光同婆婆的思维和眼光很难在同一水平线上。老人大多都是孤独的，在心理上更多地希望得到年轻人的认可。很多时候，一个认可对他们来说就是惊喜。

如果在接到鞋之后，秦阳能够仔细看一看，并夸赞婆婆的手艺，一定会让婆婆惊喜，婆媳关系将会更加融洽。

惊喜潜藏在细微处，孝心也潜藏在细微处。平日里关切的问候、没事时的谈天、一桌婆婆爱吃的菜、认同婆婆的观点等，这些其实就如一道菜，一句“真好吃”“棒极了”就能让婆婆喜笑颜开，就能让婆婆体会到媳妇的“真有之情”。

送礼物，用心才“惊喜”

在女演员德勃拉·克尔和丈夫彼得·菲特尔结婚25周年的纪念日上，丈夫彼得·菲特尔送给她的礼物是银手镯和黄金链。德勃拉很感动，她说：“我最珍贵的礼物在我的手腕上，我整天都戴着它，从不摘下来。”除此之外，德勃拉的脖子上还戴着银婚纪念日那天丈夫送给她的结婚饰带，上面有心形红玉和钻石，设计人正是自己的丈夫彼得。

夫妻之间送礼物，送的不单单是礼物，更多的是礼物上面的情意。尤其是当婚姻走过甜蜜的浪漫期，送礼物更能让人体会到一份体贴。对夫妻来说，一份好的礼物不仅可以加深双方之间的感情，更会让人终生难忘。

● 送礼物，用心才惊喜

傍晚，丈夫从外地旅游回来。走进屋便把一个小礼盒递给了妻子，然后自己去浴室洗澡。

妻子脸色平淡地打开，是一条丝巾。

妻子拿出了看来一下，便把丝巾放好，然后走进卧室，放进了衣柜的一条收藏盒里。那里已经躺着几十条差不多的丝巾。

丈夫每一次旅游回来总会给妻子带丝巾。可是，他不知道，妻子脖子上的皮肤对丝巾过敏。在妻子看来，她和丈夫的婚姻就如同这一条条颜色各异的丝巾，已经走向了形式化。他形式化地给她买，却从来不关心她是否喜欢；她形式化地接，却从未曾在心里有丝毫惊喜感，也从不会把那些五颜六色地东西系在自己纤长的脖子上。

夫妻之间相处送礼物是必要的。但是，礼物不应成为婚姻中的形式。再好的礼物不用心也没有价值。

不少人会给自己的妻子或者丈夫送礼物，但是，送去的礼物并没有产生预期的惊喜。送礼物要用心，用心的礼物才能有惊喜，这样产生的惊喜才能为婚姻生活注入浪漫和激情。

小宋刚结婚没多久，便迎来了新婚妻子的生日。妻子是一个爱浪漫的人，对礼物也比较挑剔。毕竟这一次是两个人成为一家人的第一个生日，小宋决定要给妻子送一份特别的礼物。

待妻子吹好蜡烛，许完愿，小宋才把自己的礼物递了过去。妻子打开包装盒，小宋的礼物是一本杂志。不过，这本杂志的封面上是自己的照片。妻子打开杂志，里面的每一页都是用的妻子的照片、小宋的合影和二人约会常去地的照片设计而成。并且，每一页的下面都有二人以往的甜蜜回忆和小宋的祝福语。

这样一份礼物让小宋的妻子既惊喜又感动，深深地体会到小宋对自己的爱。

那么，婚姻中的夫妻如何送礼才能恰当地表达自己的感情，让对方惊喜，体会到自己的用心呢？

1．用心的礼物要是对方喜欢的

我不止一次见到有人在给另一半送礼物的时候惹上了麻烦。妻子会对丈夫不满地抱怨说："你难道不知道我喜欢什么吗？竟然送我这个！"每每到这个时候，丈夫都很委屈："真挑剔，这可是我用心给你买的！"其实，我并不认为这用了心，或者说足够用心。

夫妻朝夕相对，对彼此的性格、生活习惯、兴趣爱好已经了如指掌。所以，夫妻之间送礼物，是对方喜欢的礼物更能体现良苦的用心。如果你送的礼物是对方不喜欢的，只能说你不够关注对方。

2．买对方一直想买的礼物

我们在电视里经常看到这样的场景：女孩和男孩逛街，在橱窗中看中一条精致的项链，可是因为价格太贵，而放弃购买。等到回到家，男孩递给女孩一个盒子，女孩打开一看，正是她心仪的项链。在这个时候，我们大多会看到，女孩惊喜得说不出话来，只得用手捂住嘴巴，一脸感动而幸福的表情看着男生。

我们常常会对得不到或者被破坏的东西魂牵梦萦。当突然得到时，那种惊喜之情不言而喻。

一般情况下，买对方想买，但是一直舍不得买的东西，最让人惊喜。因为是暗合心意的礼物，更能让对方体会到用心，感觉到你对他 / 她很在乎。

3．最好的礼物是最具有纪念意义的那一个

具有纪念意义的东西最有价值。送礼物，最好能够勾起双方之间共同的美好回忆，比如照片，比如过去场景的重新展现。这些礼物虽然不是很值钱，但是，对有感情基础的夫妻而言，更有意义。

我认识一对夫妻朋友，他们结婚多年，但感情依旧，甜蜜得羡杀旁人。夫妻二人经常会给对方送礼物。他们的礼物很特别、很贴心。每一次收到礼物，对彼此而言都能体会到一次惊喜。

夫妻二人爱好骑自行车。两个人休息日没事时，总爱骑车走走。可是，妻子骑车速度很慢，老是被丈夫抛下来。于是，颇有些怨言。后来，丈夫送给了妻子一个礼物，是一辆可以两个人骑的双人自行车，并深情地对妻子说："这下我们就可以同步走了，再也不怕把你弄丢了。"可以想象当时妻子意外的表情。现在，他们经常骑着那辆车兜风，妻子每一次都能想起丈夫对自己说的话。

用心的礼物在生活的每一处地方。只要你足够细心，足够用心，送出的礼物都能让你的另一半惊喜，都会让你收获一份美满的婚姻。

4. 用心的礼物要以理解为基础

蒋露打电话给老公，约他下班后一起逛街。

可是，在地铁站蒋露却看到老公章浩拎着一大袋的书走了过来。

看到这，蒋露逛街的心情全无，拎那么大袋还怎么逛街！于是，闷闷不乐地打道回府，连问章浩买书干吗，逛街的心情都没有了。

回到家，蒋露便一头栽进沙发里。章浩看老婆这样，没有说话，闷不吭声地又出去了。回来时，手里拿着蒋露爱吃的冰激凌。

蒋露看到这，更加不高兴，对丈夫吼道："大冬天吃什么冰激凌，我需要的是逛街买一件厚外套。"说完便哭了起来。

章浩看到老婆这样愣住了，赶紧去哄。然后，把一大袋书掏出来说："你看，我买了什么？这些正是你现在需要的书，我买了好多，你就不用再为工作上的事操心了。"

蒋露听后哭得更伤心了，大声地说不需要，然后就把书一扔。

这下章浩也火儿了。本来买书是给她一个惊喜的，这可是跑了好几家书店才买来的，还特地买了她爱吃的东西，真是吃力不讨好。而此时的蒋露却觉得自己更委屈，工作不顺就算了，遇到的老公还不体贴，尽是做让她生气的事情。

蒋露和章浩的这个问题就出现了不理解对方，不能预见对方的行为，不能感知对方的期待。章浩买书本来是好意，是想给老婆一个惊喜，却忘了满足老婆期待中的惊喜——买衣服。如果章浩执意要逛街，并给蒋露买了衣服，那最后的冰激凌和书对蒋露来说都将是惊喜。当然，蒋露也有不对的地方，她不能体谅老公的用心，纵容自己的脾气，自然会产生矛盾。

很多人会犯蒋露和章浩的错误。作为夫妻，更应该清楚地知道对方想要什么，怎样的礼物才体现用心，才能让对方惊喜。

用心地关注，在了解和理解对方的基础上送出的礼物才是真正的"惊喜"。

附录 惊喜效应理论基础

马斯洛需求层次理论

临床心理学家亚伯拉罕·马斯洛在 1943 年发表的《人类动机的理论》一书中首次提出了需要层次论。这种理论的构成根据三个基本假设:

人要生存,他的需要能够影响他的行为,只有未满足的需要能够影响行为,满足了的需要不能充当激励工具;

人的需要按重要性和层次性排成一定的次序,从基本的(如食物和住房)到复杂的(如自我实现);

当人的某一级需要得到最低限度满足后,才会追求高一级的需要,如此逐级上升,成为推动继续努力的内在动力。

● **马斯洛的需求层次理论基本内容**

马斯洛理论把人类的需求分成生理需求、安全需求、社会需求、尊重需求和自我实现需求五类,依次由较低层次到较高层次。

人类五种需要可以分为高低两级,其中生理上的需要、安全上的需要和感情上的需要都属于低一级的需要,这些需要通过外部条件就可以满足,而尊重的需要和自我实现的需要是高级需要,它们是通过内部因素才能满足的，并且一个人对尊重和自我实现的需要是无止境的。同一时期，一个人可能有几种需要，但每一时期总有一种需要占支配地位，对行为起决定作用。任何一种需要都不会因为更高层次需要的发展而消失。各层次的需要相互依赖和重叠，高层次的需要发展后，低层次的需要仍然存在，只是对行为影响的程度大大减小。

各层次需要的基本含义如下：

（1）生理上的需要

这是人类维持自身生存的最基本要求，包括饥、渴、衣、住、行方面的要求。如果这些需要得不到满足，人类的生存就成了问题。在这个意义上说，生理需要是推动人们行动的最强大的动力。马斯洛认为，只有这些最基本的需要满足到维持生存所必需的程度后，其他的需要才能成为新的激励因素，而到了此时，这些已相对满足的需要也就不再成为激励因素了。

（2）安全上的需要

这是人类要求保障自身安全、摆脱事业和丧失财产威胁、避免职业病的侵袭、接触严酷的监督等方面的需要。马斯洛认为，整个有机体是一个追求安全的机制，人的感受器官、效应器官、智能和其他能量主要是寻求安全的工具，甚至可以把科学和人生观都看成满足安全需要的一部分。当然，当这种需要一旦相对满足后，也就不再成为激励因素了。

（3）感情上的需要

这一层次的需要包括两方面的内容：

一是友爱的需要，即人人都需要伙伴之间、同事之间关系融洽或保持友谊和忠诚；人人都希望得到爱情，希望爱别人，也渴望接受别人的爱。

二是归属的需要，即人都有一种归属于一个群体的感情，希望成为群体中的一员，并相互关心和照顾。

人类感情上的需要比生理上的需要来得细致，它和一个人的生理特性、经历、教育、宗教信仰都有关系。

（4）尊重的需要

人人都希望自己有稳定的社会地位，要求个人的能力和成就得到社会的承认。

尊重的需要又可分为内部尊重和外部尊重。

内部尊重是指一个人希望在各种不同情境中有实力、能胜任、充满信心、能独立自主。总之，内部尊重就是人的自尊。

外部尊重是指一个人希望有地位、有威信、受到别人的尊重、信赖和高度评价。

马斯洛认为，尊重需要得到满足，能使人对自己充满信心，对社会满腔热情，体验到自己活着的用处和价值。

（5）自我实现的需要

这是最高层次的需要，它是指实现个人理想、抱负，发挥个人的能力到最大限度，完成与自己的能力相称的一切事情的需要。也就是说，人必须干称职的工作，这样才会使他们感到最大的快乐。马斯洛提出，为满足自我实现需要，所采取的途径是因人而异的。自我实现的需要是在努力实现自己的潜力，使自己越来越成为自己所期望的人物。

● **马斯洛的需求层次理论基本观点**

在马斯洛看来，人类价值体系存在两类不同的需要，一类是沿生物谱系上升方向逐渐变弱的本能或冲动，称为低级需要和生理需要；一类是随生物进化而逐渐显现的潜能或需要，称为高级需要。

人都潜藏着这五种不同层次的需要，但在不同的时期表现出来的各种需要的迫切程度是不同的。人的最迫切的需要才是激励人行动的主要原因和动力。人的需要是从外部得来的满足逐渐向内在得到的满足转化。

低层次的需要基本得到满足以后，它的激励作用就会降低，其优势地位将不再保持下去，高层次的需要会取代它成为推动行为的主要原因。有的需要一经满足，便不能成为激发人们行为的起因，于是被其他需要取而代之。

高层次的需要比低层次的需要具有更大的价值。热情是由高层次的需要激发的。人类的最高需要，即自我实现，就是以最有效和最完整的方式表现他自己的潜力，唯此才能使人得到高峰体验。

人的五种基本需要在一般人身上往往是无意识的。对个体来说，无意识的动机比有意识的动机更重要。对于有丰富经验的人，通过适当的技巧，可以把无意识的需要转变为有意识的需要。

马斯洛还认为：在人自我实现的创造性过程中，会产生出一种所谓的“高峰体验”的情感，这个时候是人处于最激荡人心的时刻，是人的存在的最高、最完美、最和谐的状态，这时的人具有一种欣喜若狂、如醉如痴、销魂的感觉。

实验证明，当人待在漂亮的房间里面就显得比在简陋的房间里更富有生气、更活泼、更健康；一个善良、真诚、美好的人比其他人更能体会到存在于外界中的真善美。当人们在外界发现了最高价值时，就可能同时在自己的内心中产生或加强这种价值。总之，较好的人和处于较好环境的人更容易产生高峰体验。

同时马洛斯还补充到，五种需要像阶梯一样从低到高，按层次逐级递升，但这样的次序不是完全固定的，可以变化，也有种种例外情况。

一般来说，某一层次的需要相对满足了，就会向高一层次发展，追求更高一层次的需要就成为驱使行为的动力。相应地，获得基本满足的需要就不再是一股激励力量。

● 需求层次理论与惊喜效应

马斯洛需求层次理论是惊喜效应的理论基础。因为人类有生理、安全、情感、尊重、自我实现这五方面的需求，所以一个人在不断的发展中会对外界产生一种期待，渴望满足这些需求。而惊喜的产生就是满足对这些需求的期待，并超越期待。如果我们提供的惊喜不在他所处的需求范围，他就很难产生惊喜。

● **关于亚伯拉罕·马斯洛**

亚伯拉罕·马斯洛（Abraham Harold Maslow, 1908—1970）出生于纽约市布鲁克林区。美国社会心理学家、人格理论家和比较心理学家，人本主义心理学的主要发起者和理论家，心理学第三势力的领导人。

1926年入康乃尔大学，三年后转至威斯康星大学攻读心理学，在著名心理学家哈洛的指导下，1934年获得博士学位，之后留校任教。1935年在哥伦比亚大学任桑代克学习心理研究工作助理。1937年任纽约布鲁克林学院副教授。1951年被聘为布兰戴斯大学心理学教授兼系主任。1969年离任，成为加利福尼亚劳格林慈善基金会第一任常驻评议员。第二次世界大战后转到布兰戴斯大学任心理学教授兼系主任，开始对健康人格或自我实现者的心理特征进行研究。曾任美国人格与社会心理学会主席和美国心理学会主席（1967），是《人本主义心理学》和《超个人心理学》两个杂志的首任编辑。

《纽约时报》评论马斯洛说："马斯洛心理学是人类了解自己过程中的一块里程碑。"

赫茨伯格双因素激励理论

双因素理论（Two Factor Theory），又叫激励保健理论（Motivator-Hygiene Theory），是美国行为科学家弗雷德里克·赫茨伯格（Fredrick Herzberg）提出来的，也叫“双因素激励理论”。双因素激励理论是赫茨伯格最主要的成就，在工作丰富化方面，他也进行了开创性的研究。

● 双因素激励理论的简介

20 世纪 50 年代末期，赫茨伯格和他的助手们在美国匹兹堡地区对200名工程师、会计师进行了调查访问。访问主要围绕两个问题：在工作中，哪些事项是让他们感到满意的，并估计这种积极情绪持续多长时间；又有哪些事项是让他们感到不满意的，并估计这种消极情绪持续多长时间。

赫茨伯格以对这些问题的回答为材料，着手去研究哪些事情使人们在工作中快乐和满足，哪些事情造成不愉快、不满足。

结果他发现，使职工感到满意的都是属于工作本身或工作内容方面的；使职工感到不满的，都是属于工作环境或工作关系方面的。

他把前者叫作激励因素，后者叫作保健因素。

保健因素包括公司政策、管理措施、监督、人际关系、物质工作条件、工资、福利等。当这些因素恶化到人们认为可以接受的水平以下时，就会产生对工作的不满意。但是，当人们认为这些因素很好时，它只是消除了不满意，并不会导致积极的态度，这就形成了某种既不是满意又不是不满意的中性状态。保健因素的满足对职工产生的效果类似于卫生保健对身体健康所起的作用。保健从人的环境中消除有害于健康的事物，它不能直接提高健康水平，但有预防疾病的效果；它不是治疗性的，而是预防性的。

那些能带来积极态度、满意和激励作用的因素就叫作“激励因素”，这是那些能满足个人自我实现需要的因素，包括成就、赏识、挑战性的工作、增加的工作责任，以及成长和发展的机会。如果这些因素具备了，就能对人们产生更大的激励。从这个意义出发，赫茨伯格认为传统的激励假设，如工资刺激、人际关系的改善、提供良好的工作条件等，都不会产生更大的激励；它们能消除不满意，防止产生问题，但这些传统的“激励因素”即使达到最佳程度，也不会产生积极的激励。按照赫茨伯格的意见，管理当局应该认识到保健因素是必须的，不过它一旦使不满意中和以后，就不能产生更积极的效果。只有“激励因素”才能使人们有更好的工作成绩。

赫茨伯格及其同事以后又对各种专业性和非专业性的工业组织进行了多次调查，他们发现，由于调查对象和条件的不同，各种因素的归属有些差别，但总的来看，激励因素基本上都是属于工作本身或工作内容的，保健因素基本都是属于工作环境和工作关系的。但是，赫茨伯格注意到，激励因素和保健因素都有若干重叠现象，如赏识属于激励因素，基本上起积极作用，但当没有受到赏识时，又可能起消极作用，这时又表现为保健因素。工资是保健因素，但有时也能产生使职工满意的结果。

● **激励因素和保健因素**

赫茨伯格的双因素理论，和马斯洛的需要层次理论、麦克利兰的成就激励理论一样，重点在于试图说服员工重视某些与工作绩效有关的原因。

双因理论是目前最具争论性的激励理论之一，也许这是因为它具有两个独特的方面。

首先，这个理论强调一些工作因素能导致满意感，而另外一些则只能防止产生不满意感；其次，对工作的满意感和不满意感并非存在于单一的连续体中。

赫茨伯格通过考察一群会计师和工程师的工作满意感与生产率的关系，通过半年有组织的采访，他积累了影响这些人员对其工作感情的各种因素的资料，表明了存在两种性质不同的因素。

第一类因素是激励因素，包括工作本身、认可、成就和责任，这些因素涉及对工作的积极感情，又和工作本身的内容有关。这些积极感情和个人过去的成就，被人认可以及担负过的责任有关，它们的基础在于工作环境中持久的而不是短暂的成就。

第二类因素是保健因素，包括公司政策和管理、技术监督、薪水、工作条件以及人际关系等。这些因素涉及工作的消极因素，也与工作的氛围和环境有关。也就是说，对工作和工作本身而言，这些因素是外在的，而激励因素是内在的，或者说是与工作相联系的内在因素。

从某种不同的角度来看，外在因素主要取决于正式组织（如薪水、公司政策和制度）。只有公司承认高绩效时，它们才是相应的报酬。而诸如出色地完成任务的成就感之类的内在因素则在很大程度上属于个人的内心活动，组织政策只能产生间接的影响。例如，组织只有通过确定出色绩效的标准，才可能影响个人，使他们认为已经相当出色地完成了任务。

尽管激励因素通常是与个人对他们的工作积极感情相联系，但有时也涉及消极感情。而保健因素却几乎与积极感情无关，只会带来精神沮丧、脱离组织、缺勤等结果。成就的出现在令人满意的工作经历中超过 40%，而在令人不满意的工作经历中则少于 10%。

赫茨伯格的理论认为，满意和不满意并非共存于单一的连续体中，而是截然分开的，这种双重的连续体意味着一个人可以同时感到满意和不满意，它还暗示着工作条件和薪水等保健因素并不能影响人们对工作的满意程度，而只能影响对工作的不满意的程度。

其实，赫茨伯格的双因素理论与马斯洛的需求层次理论有相似之处。其提出的保健因素就相当于马斯洛提出的生理需要、安全需要、感情需要等较低级的需要，满足人们的这些需要就不会使之产生不满、而激励因素则相当于受人尊敬的需要、自我实现的需要等较高级的需要，满足这些需要会让人们产生满意。

● 双因理论与惊喜效应

人们在做事情时，会带有一定的心理预期。依据赫茨伯格的理论，保健因素和激励因素会影响人们的行为。保健因素促使人们将产生满意感。

由此，我们可以深入地思考，如果激励超越了人们的心理预期，那么在产生满意感的同时更会产生惊喜感。

而如果我们事先通过一定的方法技巧降低了人们做事情的期望值，在其他条件不变的情况下，本来的保健因素会变为激励因素。这个时候，再超越已经降低的期望，就能把人们的满意变为惊喜。

这是制造惊喜的一个常用手段。一般来说，聪明的领导经常会用。先把员工的心理预期降低，这样就能在不夸大成本的基础上轻松地超越预期，进而让员工惊喜，产生忠诚感。

● 关于弗雷德里克·赫茨伯格

弗雷德里克·赫茨伯格（Frederick Herzberg，1923—2000），美国心理学家、管理理论家、行为科学家，双因素理论的创始人。

赫茨伯格曾获得纽约市立学院的学士学位和匹兹堡大学的博士学位，以后在美国和其他30多个国家从事管理教育和管理咨询工作，是犹他大学的特级管理教授。在激励因素取得成功以后，经过一段时间的间歇，赫茨伯格回到了与他于1968年在《哈佛商业评论》杂志上发表过的一篇论文的争论上，这篇论文的题目是《再问一次，你如何激励员工？》，受到世人的欢迎，并以重印后共售出100万份的成绩使其成为该刊有史以来最受欢迎的文章。除此之外，赫茨伯格还在各种学术刊物上发表了《再论如何激励员工》等 100 多篇论文，对企业管理员工提出了自己独到的想法。赫茨伯格在美国和其他 30 多个国家多次被聘为高级咨询人员和管理教育专家。

赫茨伯格的主要著作有：《工作的激励因素》（1959，与伯纳德·莫斯纳、巴巴拉·斯奈德曼合著）、《工作与人性》（1966）、《管理的选择：是更有效还是更有人性》（1976）。